# コグトレ

## 子どもの特性に合わせた導入事例

# 実践集

▌監修▐
一般社団法人日本 COG-TR 学会

▌編集▐
宮口幸治　髙村希帆　井阪幸恵　閑喜美史

三輪書店

# はじめに

コグトレが教育分野を中心として幅広く認知され始めました.

コグトレとは,「認知○○トレーニング (Cognitive ○○ Training)」の略称で,○○には,

- ●「ソーシャル」(→ 社会面) Cognitive Social Training：COGST
- ●「機能強化」(→ 学習面) Cognitive Enhancement Training：COGET
- ●「作業」(→ 身体面) Cognitive Occupational Training：COGOT

の3つが入ります. 子どもたちが学校や社会で困らないために, 3方面（社会面, 学習面, 身体面）から支援するための包括的プログラムです.

令和2年4月, 一般社団法人日本COG-TR学会が発足しました. その活動のなかで, 会員の皆さまからコグトレの現場での具体的な使い方をもっと知りたい, といったご要望を受け, このたび, 学会監修の初のテキストとして, 本実践集を刊行させていただく運びとなりました.

本実践集でご紹介いただいている主なコグトレ関連のテキストは以下の通りですが（いずれも三輪書店）, 本文中での煩雑さを避けるため略称で表示しております（それ以外のテキストは本文中の文献をご参照ください）.

## ● 社会面の支援：

『社会面のコグトレ 認知ソーシャルトレーニング1 段階式感情トレーニング／危険予知トレーニング編』『社会面のコグトレ 認知ソーシャルトレーニング2 対人マナートレーニング／段階式問題解決トレーニング編』→ 併せて「**COGST**」

## ● 学習面の支援：

『コグトレ みる・きく・想像するための認知機能強化トレーニング』→ **COGET**

『やさしいコグトレ 認知機能強化トレーニング』→ **e-COGET**

『もっとやさしいコグトレ 思考力や社会性の基礎を養う認知機能強化トレーニング』→ **me-COGET**

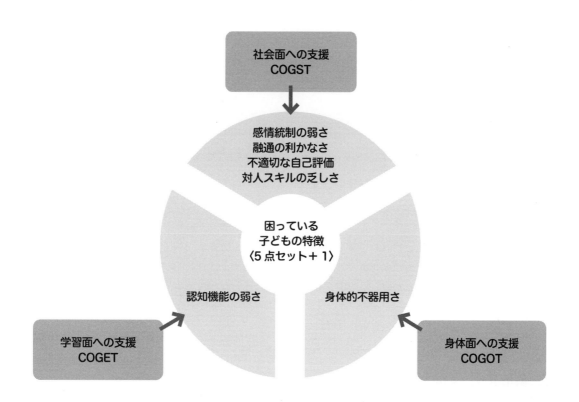

困っている子どもの特徴〈5点セット＋1〉への「社会面」「学習面」「身体面」からの具体的支援

● 身体面の支援：

『不器用な子どもたちへの認知作業トレーニング』→　COGOT

　本書が皆さまのコグトレ実践に少しでもお役に立てれば幸いです．最後になりましたが，日ごろの価値ある実践をご紹介いただきました先生方，本企画の趣旨に快くご賛同いただき丁寧に編集いただきました三輪書店の野沢様，大野様には心より感謝申し上げます．

令和3年6月
編者を代表して

一般社団法人日本 COG-TR 学会代表理事
立命館大学教授・児童精神科医　宮口幸治

# 執筆者一覧

## 監修

一般社団法人 日本 COG-TR 学会

## 編集

| | |
|---|---|
| 宮口幸治 | 立命館大学総合心理学部・大学院人間科学研究科　教授 |
| 髙村希帆 | 立命館大学大学院人間科学研究科 |
| 井阪幸恵 | 和泉市立国府小学校　教員 |
| 閑喜美史 | 梅花女子大学心理こども学部心理学科　教授 |

## 執筆 (五十音順, 執筆当時)

| | |
|---|---|
| 麻生川理詠 | 大阪府立和泉支援学校　教員 |
| 阿部千賀子 | 心理臨床オフィス こもれび　代表　臨床心理士, 公認心理師 |
| 池　眞清 | 愛神愛隣舎　児童指導員 |
| 井阪幸恵 | 和泉市立国府小学校　教員 |
| 石井秀典 | 高槻市立如是中学校　教員 |
| 石附智奈美 | 広島大学大学院医系科学研究科　講師 |
| 井上富美子 | 広島市立広島特別支援学校　教員 |
| 梅垣勝則 | 兵庫県中央こども家庭センター　児童心理司 |
| 浦野典子 | 障がい児等通所支援施設 CURE GARDEN 結家　代表 |
| 遠藤貴之 | 兵庫県立明石学園　児童自立支援専門員 |
| 大石祐介 | 日本水上学園　児童指導員 |
| 太田麻衣 | 子ども plus 教室 まなび plus　作業療法士 |
| 加木圭司 | 富田林市立彼方小学校　教員 |
| 河村茉莉穂 | 医療法人成心会ふじわら医院　保育士 |
| 木下裕紀子 | 京丹後市立峰山小学校　教員 |
| 久保木祐樹 | 広島少年院　法務教官 |
| 佐々木智久 | 大阪府立病院機構大阪精神医療センター　看護師 |
| 佐藤伸子 | 大阪市立白鷺中学校　教員 |

島田敏行　　　三重県四日市市立西笹川中学校　教員

髙村希帆　　　立命館大学大学院人間科学研究科

友藤勇輔　　　大阪精神医療センター，溝口医院　臨床心理士，公認心理師

中山千恵美　　京都市立西京高等学校定時制　教員

西田久美江　　山口県宇部市立厚南小学校　教員　臨床心理士，公認心理師

西山　肇　　　陽気塾　塾長

野尻　薫　　　医療法人藤美会こころのクリニックそら　看護師　公認心理師

野中友美　　　特定非営利活動法人アントワープカウンセリングオフィス　代表

野見山聡子　　柏原市立国分小学校　教員

長谷川　昭　　元立命館小学校学校長，現立命館慶祥中学校高等学校配属

長谷川佳代子　こどもげんきけいかく かなえる教室 江坂 コグトレ塾　作業療法士　公認心理師

藤井　隆　　　大阪府立たまがわ高等支援学校　教員

藤井朋恵　　　医療法人成心会ふじわら医院　保育士

藤原敬旦　　　医療法人成心会ふじわら医院　院長

正木敦子　　　徳島県立穴吹高等学校　教員

宮口英樹　　　高知健康科学大学　学長・教授

山中博喜　　　静岡県中央児童相談所　児童心理司

# 目次

## 第1章 ● 教育

### ❶ 幼児教育

### ❷ 小学校

# 教育

幼児教育
小学校
中学校
高等学校
特別支援学校

# 医療施設でのコグトレ療育

河村茉莉穂，藤井朋恵，藤原敬且 ● 医療法人成心会ふじわら医院

## はじめに

ふじわら医院は，児童発達支援・放課後等デイサービスきかん車（山口県周南市），児童発達支援センターゆう，放課後等デイサービスあおぞら（山口県熊毛郡平生町）で，療育を行っています．当院を中心に山口コグトレ研究会も始まりました．

筆者（河村）は，コグトレ研修会初級・中級に参加しました．どのようなものなのか，どのようなプログラムがあってどのように活用するとよいのか，基礎から学びました．実際にやってみて大人でも楽しく取り組むことができ，日々の療育で使用できそう，療育をしていくうえで新たな引き出しになりそうだということが正直な感想でした．

当院では，初診（医院受診や紹介）で患者さんに検査，カウンセリングなどを行い，診断を含む総合所見，今後の課題と発達支援などを記載した結果を報告後，通院，経過観察や相談支援事業所を経て療育を行っています．今後の課題と発達支援は，太田ステージ評価を基本にしています．本稿では，課題からの発達支援を目的とした療育に，コグトレを取り入れた事例を報告します．

## 方法

### 1．対象児童

4歳児1名，7歳児4名を対象としました．男児4名，女児1名でした．

### 2．心理学的検査

太田ステージによる課題と発達支援，WISC-Ⅳ，および新版K式発達検査を用いました．

### 3．コグトレ活用

認知作業トレーニング（COGOT），コグトレ（COGET），やさしいコグトレ（e-COGET），社会面のコグトレ（COGST）等を用いました．

## 結果

### 1．検査結果と課題

□1 4歳男児．Aさん（自閉スペクトラム症）

太田ステージ評価：ステージⅢ-1後期（3歳6か月）．

新版K式発達検査：全領域発達指数70，姿勢－運動領域95，認知－適応領域57，言語－社会領域77．

課題：言葉でのコミュニケーションと行動のコントロールが苦手．視覚的刺激に反応しやすい．

□2 7歳男児．Bさん（自閉スペクトラム症）

太田ステージ評価：ステージⅣ-前期（6歳

3 か月）．

WISC-Ⅳ知能検査：全検査 IQ 90，言語理解 88，知覚推理 98，ワーキングメモリ 82，処理速度 99.

課題：言葉や物事の理解は，目に見えるもの（動作や形）が基本．口頭のみの説明は理解困難で，抽象的な図形の理解ができない．

③ 7 歳男児．C さん（自閉スペクトラム症）

太田ステージ評価：ステージⅢ-2 前期（7 歳 0 か月）．

WISC-Ⅳ知能検査：全検査 IQ 91，言語理解 97，知覚推理 95，ワーキングメモリ 88，処理速度 88.

課題：言葉の指示を注意して聞き，覚えておくことが苦手．複雑な指示や長い説明を覚えておくことができない．

④ 7 歳女児．D さん（自閉スペクトラム症）

太田ステージ評価：ステージⅣ-前期（6 歳 5 か月）．

WISC-Ⅳ知能検査：全検査 IQ 75，言語理解 88，知覚推理 80，ワーキングメモリ 65，処理速度 81.

課題：言われたことに注意を向けたり，聞いたことを覚えておくことが苦手．口頭指示だけの判断ができない．

⑤ 7 歳男児．E さん（注意欠如・多動症，自閉スペクトラム症）

太田ステージ評価：ステージⅣ-後期（7 歳 11 か月）．

WISC-Ⅳ知能検査：全検査 IQ 100，言語理解 99，知覚推理 111，ワーキングメモリ 94，処理速度 86.

課題：検査中の離席や行飛ばし，聞き間違い，注意・集中の続きにくさ．学習場面や集団場面での困難感．指示が増えたり，視覚的な情報が多かったりすると覚えきれない，どこに注目すればよいかわからない．

## 2．実践報告

① 4 歳男児．A さん

コグトレ導入前は指示されたものではなく作りたいものを作る，やりたくない課題のときは道具を床に落とすなど，融通の利かなさや行動コントロールの苦手さがみられ，力を発揮できていませんでした．指示内容の理解はできていました．

そこで個別療育のなかにコグトレ課題を取り入れてみました．文字に興味があり，ひらがなは少しずつ書けるようになっていますが，本格的に文字を書く練習が始まる就学に向けて，e-COGET を使用しました．「写す」「見つける」課題をしました．着席課題としてプリントを使用していたので，導入はスムーズでした．活動自体を嫌がることはなく，1 年半程度継続しました．好きな活動を取り入れたスケジュールで，時間を確保するために課題が多くなりすぎないような配慮をしました．書き写せますが，線の歪みや終結することはできませんでした．問題を読んで理解して取り組め，以前より見たものを記憶できるようになりました．書字は，文字の大きさが揃うようになり，枠の中に収められるようになりました．最近は，数字やカタカナの課題にも取り組み，楽しそうです．見て覚えること，書き写すこと，細部に注意して見ることなど，書字に必要な力を負担や抵抗感を減らしてトレーニングすることができました．

コグトレ導入時からコグトレ棒を使用し，COGOT を行いました．回転などは難しいため，「柔軟運動」に一緒に取り組みました．意識することは難しいですが，一生懸命指導員の真似をしていました．年長時，他児と「2 人キャッチ棒」ができるようになりま

**図1●カプラ®**

**図2●カプラ®で積木積み**

した．距離を縮めると渡すくらいの感覚になっていましたが，やりやすいようでした．「ブロック積み」は，カプラ®で取り組んでいます（**図1**）．どのような積み方をすれば高く積み上げることができるのか考えながら積み上げていきます．手先も使うので手先の運動としても使用できます．他児と競うことがありますが，高く積み上げることを目的にして，制限時間を設けずに積み上げる活動をしています（**図2**）．

② **7歳男児．Bさん**

小学1年生から療育を開始しました．字が覚えられない，計算ができないなどの学習面が苦手で，コグトレを取り入れました．COGETの「点つなぎ」や，e-COGETの「まとめる」のプリントを実施しました．開始当初は，見本を写すことが苦手で，見間違い，見落としが多い印象でした．本人にも「できない」という気持ちがあったので，やる

気を損なわないように簡単なものから提示し，「できた」という気持ちをもてるようにしていきました．利用頻度は週に1回でしたが，続けているとミスは減ってきて，よく見ながら取り組むことができるようになりました．抵抗なく取り組むようになりました．

③ **7歳男児．Cさん**

母親からの要望は，体力がつき，運動面を伸ばすことでした．不器用なため，小学1年生からコグトレを始めました．

運動面は，COGOTを行いました．コグトレ棒を使って「身体を知る」というところから指導員と一緒に行いました．「柔軟運動」は身体に意識を向けるようにしながらやっていきました．「身体的イメージの確認」で，コグトレ棒が身体に触れないようにすることは難しいようでしたが，だんだん触れずに回せるようになりました．「半回転キャッ

チ」「2人キャッチ棒」などの取り組みやすい課題から提示し，コツを教えてできるようになっていくと自らどんどん新しい課題に挑戦していきました．開始前よりバランスがよくなったり，力を入れる場所が合っていたりと身体の使い方が少しずつ身についてきました．

学習面は，枠の中に文字を収めて書くことが難しい，文字のバランスがとりにくいなどの苦手さがあり，e-COGET課題をプログラムに組み込みました．学校からの宿題とともに，学校でも取り組んでいました．

療育は，e-COGET の「点つなぎ」「曲線つなぎ」から取り組みました．本児は抵抗なく取り組み，少し見間違いがあるものの，自分で気づき修正することはできます．「曲線つなぎ」は現在も線の歪みは大きくバランスよく書くことは難しいようで，何度も自分で修正していますが，「点つなぎ」は自信をもって書くことができています．「点つなぎ②-6」では，矢印が交差していることに気づかず，上の絵をそのまま下に写していました．最後に，目が描いてあることに気づき，自分で修正できるようになりました．

### ④ 7歳女児．Dさん

粗大運動，微細運動が苦手で，図形，目盛りが苦手など全体的にゆっくりとしています．小学1年生からe-COGETやCOGOTを実施しました．

COGOTは，「2人キャッチ玉」，コグトレ棒の「半回転キャッチ」や「1回転キャッチ」「2人キャッチ棒」など取り組みやすい課題を提示しました．投げるときの力加減がわからなかったり，同時に違う動きをすることができなかったりで，コグトレ棒を落とすことが多かったのが，2年間，月1～2回

で続けていると，動きがスムーズで無駄がなくなってきました．

COGET の課題は本児には少し難しいので，e-COGET のほうから提示してみました．要領がわかると少し難しいものでもできるようになってきました．「写す」や「見つける」の課題を重点的に提示しました．積極的に楽しく取り組み，パズルなどの課題でも見る力がついてきました．計算もどうやってやったらいいのかがわかってきたようで，早くなってきています．

### ⑤ 7歳男児．Eさん

発達外来受診時の母親の主訴は，忘れること，落ち着きがないことが気になるとのことでした．本児の困難感も，忘れることでした．

小学1年生より療育を開始しました．検査結果からは早合点，見落としなどが多いことがわかりましたが，療育をしてみると，多動で集中力が続かないことが窺えました．感覚過敏もあり椅子に座ることが苦手なようで，座面の1/4の場所に座って活動に参加していることが多かったです．他児が話をしているときに入ったり，他のことをしていたりして説明を最後まで聞くことが難しい印象でした．まずは座って集中して課題に取り組むことを目的にCOGETを使用しました．見落とし，見間違いなどが多いことからe-COGET の「見つける」の課題を数種類実施しました．プリント課題には集中して取り組み，よく見て慎重に進めていく様子もみられました．グループ活動で，伝言ゲームをしたときは，正確に伝えることができましたが，次の子どもがしばらくして聞き返してくると忘れていて，本児も前の子どもに聞き返さないといけなくなったということがありました．

太田ステージ評価から，人の気持ちを思いやれるようにする，社会での適応的な行動を学び，日常生活に生かせるようにすることが目標でした．絵カードやCOGSTを使用して登場人物の気持ちを答えたり，その場面の適応的な行動を考えてもらうSSTを行ったりしました．

### 3．コグトレ導入後の結果（〈 〉は導入前）

#### ①4歳男児．Aさん

太田ステージ評価：ステージⅤ以上（5歳6か月）．〈ステージⅢ-1後期（3歳6か月）〉

WISC-Ⅳ知能検査：全検査IQ 104，言語理解 111，知覚推理 100，ワーキングメモリ 100，処理速度 99．〈新版K式発達検査：全領域発達指数 70〉

#### ②7歳男児．Bさん

太田ステージ評価：ステージⅤ以上（7歳5か月）．〈ステージⅣ-前期（6歳3か月）〉

WISC-Ⅳ知能検査：全検査IQ 92，言語理解 84，知覚推理 89，ワーキングメモリ 91，処理速度 96．〈全検査IQ 90，言語理解 88，知覚推理 98，ワーキングメモリ 82，処理速度 99〉

#### ③7歳男児．Cさん

太田ステージ評価：ステージⅤ以上（10歳7か月）．〈ステージⅢ-2前期（7歳0か月）〉

WISC-Ⅳ知能検査：全検査IQ 81，言語理解 91，知覚推理 91，ワーキングメモリ 79，処理速度 73．〈全検査IQ 91，言語理解 97，知覚推理 95，ワーキングメモリ 88，処理速度 88〉

#### ④7歳女児．Dさん

太田ステージ評価：ステージⅤ以上（9歳2か月）．〈ステージⅣ-前期（6歳5か月）〉

WISC-Ⅳ知能検査：全検査IQ 96，言語理解 111，知覚推理 87，ワーキングメモリ 88，処理速度 96．〈全検査IQ 75，言語理解 88，知覚推理 80，ワーキングメモリ 65，処理速度 81〉

#### ⑤7歳男児．Eさん

太田ステージ評価：ステージⅤ以上（9歳1か月）．〈ステージⅣ-後期（7歳11か月）〉

WISC-Ⅳ知能検査：全検査IQ 92，言語理解 97，知覚推理 109，ワーキングメモリ 85，処理速度 81．〈全検査IQ 100，言語理解 99，知覚推理 111，ワーキングメモリ 94，処理速度 86〉

いずれも太田ステージ評価ではステージの向上がみられました．知能検査は個人差があり，今後，事例を増やして考察していく必要があると思われます．

## 事例以外の実践紹介

### 1．グループ活動での実践報告

当院では，未就学児を対象にした幼児グループ，年長児のみを対象にした年長グループ，小学生を対象にした小学生グループを取り入れています．

幼児グループ，年長グループでは，コグトレ棒を使った「柔軟運動」のほか「落〜ちた，落ちた」「船長さんの命令」「片足立ち」を取り入れました．そのほかに，カプラ®積み，ストレッチポールハーフカットを使ったバランス遊びをしています（**図3**）．「落〜ちた，落ちた」「船長さんの命令」は保育園などでも知られている遊びであるため，ルールを理解していて子どもたちも指導員も取り組みやすいと思います．「落〜ちた，落ちた」では，子どもたちに落ちてくるものを聞いて，動きも一緒に考えてから始めています．小声にしたり，テンポを速めてみたり，より集中して聞いてもらえるようにしています．ハーフカットを使ったバランス遊びでは，ハーフカットを並べて平均台のよう

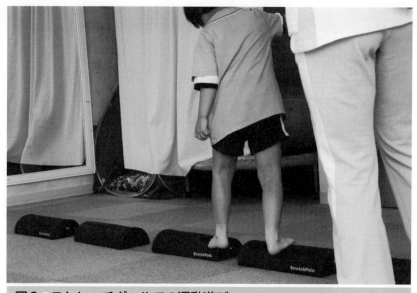

**図3 ● ストレッチポールでの運動遊び**

に渡ってもらいます．できた，できないが
わかりやすいほうが子どもたちも達成感や
成長が感じられるのではないかと思います．
いろいろな置き方があり，難易度が調節で
きる課題は，頑張ったらできる程度の「少
し難しい」課題にすると子どもたちはより
意欲的に取り組みます．

　小学生グループでは，コグトレ棒の「み
んなでキャッチ」や「ひも結び」「新聞ちぎ
り」，視覚・聴覚的注意トレーニングの「色
か絵か？」などに取り組んでいます．「新聞
ちぎり」では，どのように切っていくと長
くなるのか考えながら切るようにしました．
縦より横が長いことはわかるのですが，そ
れよりも長くつなげるにはどうしたらよい
のかは難しいようでした．切ったものを使っ
て今度は全員で協力して迷路遊びにしてみ
ました．やったら終わりではなく，それを
使ってできることを考えました．「色か絵
か？」では，指示を聞いて動く子どももい
れば，他児を見ながら動く子ども，ワンテ
ンポ遅れる子どもなどさまざまでした．絵

は親しみやすいものであるため，子どもた
ちも抵抗なく取り組めたようです．

**2．未就学児での実践報告**

　当院では，未就学児から高校3年生まで
療育を行っています．幼児には，手先の運
動や道具の貸し借りをするという目的での
製作課題や音楽遊び，運動遊び，宝探しな
どの身体を使う，見る，聞く力を育てる遊
びを通して言葉や社会面の発達を促す療育
を提供してきました．

　コグトレと出会い，就学前の子どもたち
にもコグトレを使用してみようと思いまし
た．e-COGET はより基礎的なトレーニング
であるため，就学前の子どもたちにも取り
組みやすい内容になっています．就学に向
けて，視覚認知，短期記憶から板書する力，
図形を認知する力が必要になってきます．45
分間席に着いて学習に取り組む力も必要で
あり，それらを獲得するために，e-COGET
のプリントや COGOT が使用できると考え
ました．

## おわりに

コグトレのよさとして，何度も取り組めて，その子どものレベルに合わせて選択できること，子どもたちもやったことがあるものには抵抗なく取り組むことができ，子どもたちにとっては計算や漢字等の学習への困難感が弱まり，楽しみながらできることがあります．「できた」という成功体験を積み上げることで自信につながっていくことや，指導者もどの程度できるのか把握しやすいため，課題を提示しやすいと考えています．

さまざまな子どもと環境のなかで実践してみて，どの年齢の子どもに対しても，個別対応，グループ活動，少しの隙間時間など，どの場面でも取り入れられて，ためになることがコグトレにはたくさんあります．毎日実践して毎日見ることができる環境ではありませんが，コグトレを通して少しずつ，子どもたちの成長を目にすることができています．

# 幼児用コグトレ棒の考案

**藤原敬且** ● 医療法人成心会ふじわら医院

発達障害は，行動スキル，コミュニケーションスキル，基礎学力，運動スキルのつまずきがあります．このなかで，身体的不器用さ（発達性協調運動症）は，複数の動作を1つにまとめる運動能力が障害されているため，粗大運動や巧緻動作に困難さをきたしています．この協調運動を円滑に行えることに加え，適度な固有感覚・筋力調整や注意・集中力，動作の予測や記憶力などの機能に対応させた COGOT のコグトレ棒に注目しました．当児童発達支援センターで行っている幼児用コグトレ棒を使用した COGOT を報告します．

## コグトレ棒と幼児コグトレ棒

コグトレ棒は，1本につき，新聞紙10枚を縦に丸めて作成します．コグトレ棒を使った運動をすることで，瞬発力や協調運動能力を高めます．遊び感覚で，大人も楽しめます．新聞紙で作成するコグトレ棒は，長さ 55.0cm，重さ 199〜218g，長径約 3.3cm で，幼児の使用には適しません．当児童発達支援センターでは，幼児用として，ラップの芯を使用した幼児用コグトレ棒を作成しました．長さ 30.5cm，重さ 45〜47g，長径 3.4cm です．手足や体など，全身を手順よく動かすのが苦手で，手先が不器用な幼児に，遊び感覚で，幼児用コグトレ棒を使用しました．

## 太極拳の活用

当院放課後等デイサービス療育では，太極拳を活用しています．高齢者の介護として，太極拳が活用されていたのを見て，導入しました．①姿勢の保持，②連続した動作，③ゆったりとした動作といった特徴が取り入れられています．太極拳の活用は，身体機能の衰えを防ぐとともに，続けることにより身体機能を回復させることができます．学童への使用は，協調運動を円滑に行えることに加え，適度な固有感覚・筋力調整や注意・集中力，動作の予測や記憶力などを養うことで，身体をうまく使うようになります．今回，二十四式太極拳の太極棍に注目しました．両手に棍を持つこと，動きの幅の比較的大きい棍の動作を連続して行うことは，コグトレ棒の活用に似たところがあります．棍を身体のまわりで回す動きは，必ず，腰の動きから手足の動作に導かれます．握りの強弱の変化などで，手の平には，さまざまな摩擦が繰り返されます．これによりツボが刺激されます．ラップの芯は，手ごろな重さだけでなく，幼児が握りやすい大きさであり，握りの強弱も体感できます．

## 事例：5歳10か月男児

指示されたものではなく作りたいものを作る，やりたくない課題のときは道具を床に落とすなど，融通の利かなさや行動コントロールの苦手さがみられ，理解力は低くないが，力を発揮できていませんでした．もともと文字に興味があり，ひらがなは少しずつ書けるようになっていました．COGET のプリントでは書き写すことはできても，線の歪みや終結できないということが目立っていました．さらに，身体面へのアプローチとして，コグトレ棒やバランスあそびを追加しました．

書字は，文字の大きさが揃うようになり，枠の中に収められるようになってきました．見て覚えること，書き写すこと，細部に注意して見ることなど，書字に必要な力を負担や抵抗感を減らしてトレーニングすることができました．現在，数字やカタカナの課題に取り組んでいます．

幼児用コグトレ棒を使用することで，"からだ""あたま""こころ"を体感し，"動くこと""考えること""感じること"による参加型の療育が行えます．

# コグトレによる
# 学校全体でのアセスメントと
# 通級指導教室における児童の成長

井阪幸恵 ● 和泉市立国府小学校

## はじめに

　コグトレを実践することで，児童を大きく成長させられるようになりました．不安いっぱいだった児童が，自信をもって通常学級で過ごしている姿を見ることは大きな喜びです．本稿では，まず，個別の指導の場だけで行っていたアセスメントから，学校全体で行うようになった様子，そしてその結果からわかったことをまとめました．次に，その実践のなかで成長した通級指導教室でのAさんの成長の様子を報告します．

## 学校全体でのコグトレ指導

　児童の認知機能を高め，自立につなげるためには，事前に児童の認知特性をアセスメントすることが求められます．さらに，それに基づいた指導を計画・実施し，結果を新たな指導にフィードバックし，PDCAサイクルでよりよい指導へと探究していくことが望まれます．今回，そのような効果的なコグトレ指導に役立てるための基礎資料を得ることを目的として，通常の学級において，コグトレ実施前後でCOGETを使ったアセスメントを行いました．指導の内容は，主に1回目のアセスメントの結果，正答数の低かった課題に関するシートにその他の課題のシートを合わせて1回2枚ずつ

行う方法を基本としました．

## 1．目的

　本校は，児童数800名弱（当時）の大規模校です．これまで児童の「見る力」「聞く力」の弱さに注目し，担任が個別の配慮を行い，必要に応じて通級指導教室で対応，さらに支援が必要な場合は特別支援学級で対応するシステムをとってきました．

　これまでの取り組みのなかで，さらに児童の力を向上させるための手立てを模索していたところ，コグトレと出会い，201X-3年度4月から特別支援学級，通級指導教室の個別の場でCOGETを指導に取り入れました．すぐにその効果を感じ，201X-2年度から通常の学級にも紹介し，少しずつ学校全体で取り入れてきました．201X-1年度には，e-COGETも取り入れました．特に学力に課題のある学年が積極的に取り入れ，学習の基となる力が向上し，学習に向かう態度も改善しました．その結果として，学力向上につながりました．

　一方，児童の認知機能を高め自立につなげるためには，事前に児童の認知特性をアセスメントし，それに基づいた指導を計画・実施し，さらに結果を新たな指導にフィードバックすることが求められます．これまでアセスメントについては，特別支援学級，

通級指導教室の個別指導の場で201X−1年度からCOGETを用いて試行的に行ってきました．このたび通常の学級においてもコグトレ実施前後でCOGETを使ったアセスメントを試行し，効果的な指導に役立てるための基礎資料を得ることを目的としました．

## 2．方法

### １ アセスメントシートの選定

COGETの各トレーニング要素である「数える」「見つける」「写す」「想像する」から各１枚ずつ計４枚を選びました（**表1**上段）．なお，小学２年生の「数える」はe-COGETの課題では難易度が低く，アセスメントには適さないため小学３・４年生の課題を使用しました．１回につき５分を上限に実施しました．「覚える」については，実施にばらつきが生じ安定した評価が困難になるため加えませんでした．

シートの選定にあたっては，これまで，特別支援学級，通級指導教室の個別指導の場で行ってきたシート成績の内容を参考にしながら，立命館大学の宮口幸治氏に指導を仰ぎ，通常の学級集団で行えるように選定しました．

### ② アセスメントの時期

201X年６月初旬にトレーニング前に１回目，９月末〜10月初旬にトレーニング後に２回目を行いました．

### ③ アセスメントの対象

各学年１クラスを対象としましたが，１年生は全員の認知特性を把握しておくため全クラスを対象としました．各対象人数は，１年生136名，２年生31名，３年生32名，４年生36名，５年生39名，６年生37名でした．

### ④ シートの評価方法

それぞれのシートの正答数を得点としま

した（**表1**）．なお「点つなぎ」については別途採点基準（コグトレ中級コース研修テキスト添付資料）に準拠しました．この点数に基づいて，各学年別にシートごとに算出しました．

### ⑤ コグトレ指導の概要

指導期間は６月第２週〜７月第３週と夏休み期間を経て９月第１〜４週までの計10週です．

指導の内容は主に１回目のアセスメントの結果，正答数の低かった課題に関するシートにその他の課題のシートを合わせて１回２枚ずつ行う方法を基本としました．実施時間の確保を工夫し，週に２回以上取り組むこととしました．

## 3．結果

結果は学年ごとに各シートの参加人数，平均値，１回目と２回目との差を検定し有意差を求めました（**表1**）．計画通りに実施できなかったシートは（−）と記しました．

また，小学１年生については，１回目と２回目で対象者が特定できた児童約30名のうち，１回目の点数が小学１年生全体の平均値より１SD以下の低得点児童を特に支援が必要な児童として集計し，１回目と２回目の変化もみました（**図1**）．その結果，低得点児童がトレーニング後に全体平均に近づいていることがわかりました．また，他学年でも小学３年生以外で一部のシート，もしくは全シートにて１回目より２回目でシート課題の点数の有意な上昇を認めました（**表1** ＊＊：$p < .01$の項目）．

## 4．考察

今回は小学１年生において１回目と２回目の一部で対象者が特定できたため，個別の変化をみることができました．その結果，−1SD以下の低得点児童においては２回目

**表1 ● コグトレのアセスメント結果一覧表**

| 学年 | | 小学1年 | | | | 小学1年（−1SD以下） | | | | 小学2年 | | | |
|---|---|---|---|---|---|---|---|---|---|---|---|---|---|
| コグトレ<br>シート | | （や）記号さがし②-1 | 形さがし-4 | 点つなぎ①-7-左 | 順位決定戦①-1 | （や）記号さがし②-1 | 形さがし-4 | 点つなぎ①-7-左 | 順位決定戦①-1 | 記号さがし①-1 | 形さがし-4 | 点つなぎ②-1右 | スタンプ①-1 |
| 満点 | | | 10 | 23 | 6 | 2 | 10 | 23 | 6 | 1 | 10 | 42 | 2 |
| 1回目 | $n$ | 127 | 132 | – | 113 | 13 | 13 | – | 8 | 31 | 26 | 30 | 31 |
| | Mean | 1.54 | 8.00 | – | 1.90 | 0.69 | 4.30 | – | 0.25 | 0.23 | 6.62 | 34.67 | 1.52 |
| | SD | 0.68 | 2.36 | – | 1.52 | 0.48 | 1.70 | – | 0.46 | 0.43 | 2.48 | 10.18 | 0.63 |
| 2回目 | $n$ | 136 | 136 | 136 | 136 | 13 | 13 | – | 8 | 30 | 30 | 30 | 30 |
| | Mean | 1.54 | 8.63 | 17.01 | 2.72 | 1.38 | 8.08 | – | 3.63 | 0.27 | 8.97 | 33.77 | 1.53 |
| | SD | 0.65 | 1.94 | 5.98 | 1.76 | 0.87 | 2.50 | – | 2.26 | 0.45 | 2.01 | 11.14 | 0.63 |
| $p$<br>** : <.01 | | .91 | .03** | | .00** | .04** | .00** | | .02** | .71 | .00** | .75 | .89 |

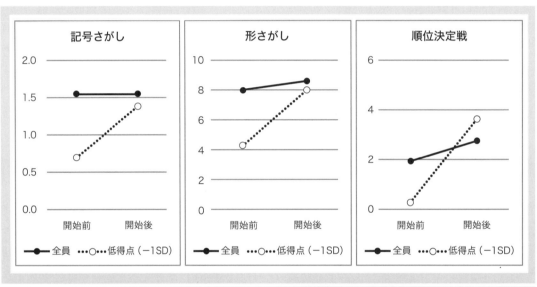

**図1 ● 小学1・2年生における「最初とポン」の得点とCRTの算数の得点の散布図**

の値が小学1年生の全体平均に近づいていることから，コグトレによるトレーニング効果は，より認知機能の低い児童に効果的であり，指導法によっては，それらの弱さを改善できる可能性も示唆されました．実際，コグトレを続け，通級による指導を必要としなくなった児童も少なからずいます．

また，1回目と2回目のアセスメントの間が約4か月経っていて，児童の成長による認知機能の自然上昇も考えられますが，各学年の2回目の値とその1学年上の児童の1回目の値を比較すると，1学年上の児童を上回っている結果も得られていて（例えば，小3の「記号さがし」や「スタンプ」，小4の「形さがし」，小5の「記号さがし」や「スタンプ」など），今回の上昇が，単に成長によるものだけではないことも示唆されました．

一方，小学3年生のようにまったく上昇がなかった学年と小学5年生のようにすべてのシートで上昇がみられるなど学年差も生じました．各担任による実施法の違いを

| 小学3年 | | | | 小学4年 | | | | 小学5年 | | | | 小学6年 | | | |
| 記号さがし①-1 | 形さがし-4 | 点つなぎ②-1右 | スタンプ①-1 | 記号さがし①-1 | 形さがし-4 | 点つなぎ②-1右 | スタンプ①-1 | 記号さがし①-1 | 形さがし-4 | 点つなぎ③-1 | スタンプ①-2 | 記号さがし①-1 | 形さがし-4 | 点つなぎ③-1 | スタンプ①-2 |
|---|---|---|---|---|---|---|---|---|---|---|---|---|---|---|---|
| 1 | 10 | 42 | 2 | 1 | 10 | 42 | 2 | 1 | 10 | 72 | 2 | 1 | 10 | 72 | 2 |
| 32 | – | 32 | 32 | 36 | 36 | 36 | 36 | 36 | 36 | 36 | 36 | 37 | 37 | 37 | 37 |
| 0.34 | – | 39.63 | 1.41 | 0.19 | 8.69 | 39.94 | 1.50 | 0.44 | 8.69 | 52.58 | 1.64 | 0.35 | 9.65 | 66.86 | 1.89 |
| 0.48 | – | 4.76 | 0.80 | 0.40 | 2.01 | 7.58 | 0.70 | 0.50 | 2.36 | 28.55 | 0.72 | 0.63 | 1.67 | 16.55 | 0.39 |
| 30 | – | 30 | 31 | 34 | 34 | 34 | 34 | 39 | 39 | 39 | 39 | 36 | 36 | – | 36 |
| 0.47 | – | 40.17 | 1.65 | 0.24 | 9.24 | 34.35 | 1.50 | 0.72 | 9.64 | 65.03 | 1.95 | 0.64 | 9.61 | – | 1.92 |
| 0.51 | – | 2.96 | 0.49 | 0.43 | 1.79 | 7.91 | 0.56 | 0.46 | 0.63 | 12.32 | 0.22 | 0.49 | 1.71 | – | 0.37 |
| .33 | | .54 | .35 | .68 | .09 | .00** | .74 | .02** | .02** | .02** | .03** | .01** | .95 | | .68 |

調べ，より効果のあるコグトレの実施法を使った指導法を検討する必要があるものの，コグトレの実施にあたってはモチベーションを大切にし，難しい課題を無理やり行うのではなく，楽しみながらコグトレを行うことで，認知機能を向上させることの大切さを教員全体で共有できました．

今回の課題としては，本来であれば，効果検証はコグトレを実施しなかったクラスとの比較が必要ですが，前述のとおり，本校は201X−2年度からコグトレを学校全体で取り入れていたため，その比較を実施することはできませんでした．今後はコグトレを実施しないクラスとの比較も必要と思われます．

### 5．まとめ

効果的な指導に役立てるための基礎資料を得るためにコグトレシートを使った2回のアセスメントを行いました．その結果，より認知機能の低い児童に効果的であること，指導法によってそれらの弱さを改善できる可能性もあること，発達による点数の自然な向上以上の結果が得られた学年もあること，学年によって効果に差が生じたこと，などがわかり，コグトレの認知機能へ

の一定の有効性が示唆されました．今後は，児童のモチベーションを大切にし，児童が楽しみながらコグトレを行える，より効果のあるコグトレの実施法を使った指導法を検討する必要があります．

## 通級指導教室における A さんの成長

A さんは，1年生の7月の段階でひらがな習得に弱さがあり，9月から通級対応となりました．

### 1．A さんの実態

個別のアセスメントとして，COGOT の「身体を知る」から，「前屈・後屈」「側屈」で身体の動きをみました．「基本姿勢」をとることも難しく，グラグラとする状態でした．そのため，タンデム歩行を行いました．倒れそうになり，スムーズに歩くことができませんでした．

次に，COGET のアセスメントを行いましたが，どのシートも声をかけて支援しないと取り組めませんでした．緊張して，不安が大きい状態でした．

以上のことから，A さんは認知機能全体の弱さから学習の習得が難しく，運動面の

### 表2 ● Aさんの1時間のメニュー

| 実施したトレーニングと学習内容 | 目的 |
|---|---|
| 1．目の体操，数字タッチ等 | 眼球運動の向上. |
| 2．タンデム歩行，COGOT「身体を知る」の「前屈・後屈」「側屈」 | ボディイメージを高め，バランス感覚を養う．姿勢よく座る意識を高める. |
| 3．COGET「数える」「見つける」「写す」「想像する」から2枚 | 認知機能全体を向上させる．集中して学習に取り組む. |
| 4．マルチメディアデイジー教科書で音読練習 | 読み支援と練習，内容理解，発音練習，文字習得，言葉の習得等. |
| 5．国語の学習 | 通常学級と同じ進度で学習することで学力保障と自信・安心につなげる. |
| 6．言葉の学習 | 文字・単語の習得. |

弱さも加わり，生活全般に不安が生じていると判断しました.

### 2．指導の方法と時間

最初は週1回から始めましたが，早期に改善することを目的とし，週5時間毎日国語の時間に1時間対応することにしました．Aさんの1時間のメニューを表2に示します.

姿勢保持の力を向上させるため，毎日COGOTの「柔軟運動（棒）」から取り組ませました.

COGETは，Aさんができる「見つける」の「黒ぬり図形」「形さがし」，「写す」の「点つなぎ①」「曲線つなぎ①」，「数える」の「まとめる」「記号さがし①」，「想像する」の「スタンプ①」とし，どのプリントも1〜5を中心に取り組ませました．認知機能を全体的に向上させたかったため，1週間ごとにプリントの組み合わせを変えていくようにしました．「覚える」は視覚性の短期記憶課題のみを実施しました．聴覚性の短期記憶課題はAさんには難しかったため，簡単な言葉の課題にしました．例えば，「"た"を抜いたら何と言う言葉かな．"こたい"」という問題です.

週に一度はCOGSTも取り入れました．自分の気持ちを表現することがなかなかできないAさんには，感情理解から指導していきました.

### 3．Aさんの成長の様子

Aさんは，カタカナは覚えることができず，漢字は線が1本抜けることが多かったです.

Aさんに変化が現れたのは10月下旬です．筆圧が強くなり，文字がきれいに正しく書けるようになってきました．この頃，COGETのプリントにも慣れて，声をかけなくても一人でできるようになっていました．COGOTも基本姿勢はしっかりと保てるようになっていました.

11月下旬には，漢字の小テストはほぼ満点をとれるようになりました．COGETもCOGOTもトレーニングは楽しそうに笑顔で取り組みました．COGETのプリントは速く仕上げるようになり，COGOTでは「前屈・後屈」「側屈」も体幹をうまく使ってまっすぐにできるようになりました．Aさんは笑顔が増え，認知機能やボディイメージの改善は心の安定につながることがわかりました.

この頃，Aさんの1時間のメニューをレベルアップしていきました（表3）．できる

**表3 ● Aさんの1時間のメニュー（レベルアップ後）**

| 実施したトレーニングと学習内容 | 目的 |
|---|---|
| 1．COGOT「物と自分の身体」の「棒運動」,「色か絵か」等 | 瞬発力, 協調運動能力を高める. 注意力向上. |
| 2．COGET「数える」「見つける」「写す」「想像する」から2枚と「最初とポン」 | 認知機能全体を向上させる. 集中して学習に取り組む. |
| 3．漢字のランダム読み（自作教材. 1年生の漢字をバラバラに配置している） | 漢字の読み（読み替えを含む）の習得. 眼球運動トレーニング. |
| 4．マルチメディアデイジー教科書で音読練習 | 読み支援と練習, 内容理解, 発音練習, 文字習得, 言葉の習得等. |
| 5．国語の学習 | 通常学級と同じ進度, 内容で学習し, 通常学級でも学べる力をつける. |
| 6．短文読み取り（COGET「何が一番？」のような文の読み理解） | 短文の読み取り, 注意集中・記憶力向上, 論理的思考力の習得. |
| 7．〈時間のあるとき〉算数復習（アプリを活用しながら） | 数列, 数操作等, 視覚支援で説明を受けながら本質的理解につなげる. |
| 8．〈週1回〉COGST　対人マナートレーニング, 危険予知トレーニング | 人との良好な関係の取り方を知る, 自己の特性に気づく. 危険予知. |

ことが増え, さらに力をつけるためです.

　2月になり, WISC-IV知能検査をしました. 結果は, FSIQ 80, VCI 80, PRI 78, WMI 85, PSI 96でした. これほど認知機能が改善してもFSIQが80であったことから, 9月の通級を始めた頃はもっと低い結果であった可能性があると想像されました. この頃, COGOTの棒回しはとても上手になっていました. COGETは, どのプリントも①〜⑤を取り組んできましたが, ⑥〜⑩にも取り組めるようになっていました.

　2年生になり, 国語の時間に週5時間通級を続けました. COGOT, COGETのトレーニングは, Aさんが楽しく取り組めるので同じペースで続け, 様子をみながらレベルアップしました.

　3年生になると, 徐々に通常学級での学習を増やし, 3学期はほぼ通常学級で過ごすようになりました. コグトレのトレーニングも3年生後半は月1回程度でした. 2月になり, 再度のWISC-IV知能検査を実施しました. FSIQ 100, VCI 123, PRI 85, WMI 73, PSI 113という結果でした. 1年生のときに比べ, FSIQが20上がっていました.

**4．まとめ**

　Aさんのように成長した児童はたくさんいます. Aさんの場合, 一つの指標としてWISC-IV知能検査の比較ができるため, 今回の報告としました. 認知機能やボディイメージが向上することで, 学習面でも生活面でも大きく成長し, 心の安定にもつながるのです.

第1章 教育

❷ 小学校 ● 15

# 立命館小学校における全校取り組み実践事例

長谷川　昭 ● 立命館小学校

## 気になる子どもたち

黒板に書かれた文字，記号，図や絵をそのとおりにノートに写せない．写しているが，ノートの罫線やマスに沿ってはいない．読書したり話せたり国語の授業では活躍するほうだが，漢字の書き取りとなると書けない．算数だけは計算ミスなどが目立つ．学級全体に話をしても，必ず，もう一度話を確かめに来ることが多い．ゆっくりじっくりと考えればわかるであろうことが，ささっと進めがちで，結果的に誤答が多い．もうちょっと粘れば見えてくるであろうその解答にあと一息のところで辿り着けず，粘ることができない．

このような「教室で気になる子どもたち」は，今に始まったことではなく，昔から数名存在していました．その子どもたちに対して，私たち教員は，当然のごとく個別に指導したり，支援したりします．懸命に．そしてやがて，その効果もあり，少しは回復向上の兆しがみられることがあります．

しかし，残念なことにそれは「完全回復」にまでは至りませんでした．他の子どもたちに比べて相変わらず「気になる子」のままで時間だけが過ぎていきました．この子どもたちへの本当に大事な視点，育てるた

めの指導方法は何だろうか，モヤモヤした心ではっきりしたことがわからないままでした．

正しく写すということ，パッとひらめいて処理しようとすること，一度聞いたことがイメージできること，集中して何でも取り組もうとすること，最後まで粘って考えようとすることなど，そもそもの学びに向かう土台の部分のもろさや弱さ，つまり，「学びの前段階としてのその土台となるような部分が育っていない」ということだけはわかっていました．

ここの部分を何とかできないだろうか，そう思いながらも，そこに十分時間をかけないままの日々でした．

## コグトレとの出会い

そのような思いが繰り返されていた日々の 2018 年夏に『1 日 5 分！教室で使えるコグトレ』[1] の本と出会いました．私は「これだ！」「この指導だ！」と直感しました．

本には，このコグトレは 5 分～ 10 分程度の時間で定期的に取り組むとよい，とありました．偶然にも有り難いことに，本校は毎朝 1 時間目の前の 10 分間を単純計算や音読による脳の活性化と集中力の育成に取り組む "モジュールタイム" として，カリキュ

**表1 ● 新モジュールタイムの学びの根っこの力（数える・写す・見つける・想像する・覚える）鍛える時間（5分）の学年プログラム**　　　　　　　　　　　　　　　○数字＝実施学期

| 領域 | 1年 | 2年 | 3年 | 4年 | 5年 | 6年 |
|---|---|---|---|---|---|---|
| 数える | ①+ます（週5）<br>②階段（週3）<br>③百ます＋－（週3） | ①百ます＋－（週3）<br>②③百ます×（週4）<br>①②あいう算（週1） | ①②③百ます－×÷（週3）<br>①②③あいう算（週1） | ①②③さがし算（週2）<br>①②③あいう算（週1） | ①②③さがし算（週2）<br>①②③あいう算（週1）<br>①記号さがし（週1） | ①②③さがし算（週2）<br>①②③あいう算（週1）<br>②③記号さがし（週1） |
| 写す | ②点つなぎ（週1）<br>③曲線つなぎ（週1） | ①折り合せ図形（週1） | ①鏡映し（週1） | | | ③くるくる星座（週1） |
| 見つける | ②重なり図形（週1） | ③回転パズル（週1） | | ①違いはどこ？（週1）<br>③同じ絵はどれ？（週1） | | |
| 想像する | ③スタンプ（週1） | | ②心で回転（週1） | ②穴の位置（週1） | ②③物語づくり（週1） | ①②物語づくり（週1） |
| 聴いて覚える | | | ③最初とポン（週1） | ①②③最初とポン（週1） | ①何が一番？（週1）<br>②③何が何番？（週1） | ①何が何番？（週1） |

ラムに組み込んでいました．そのため，導入に大きな壁は感じませんでした．しかも，著者の宮口先生が立命館大学の先生です．これは，偶然ではなく必然の出会いであると思いました．そこで，早速，宮口先生に連絡をとらせていただきました．

その後は，コグトレ実践の詳細，方法を学び，それから，学校教員全体にはモジュールタイムの新プログラム導入として提案していきました．また，直接講演の機会を設けたり，実際にプログラムを教員自身も取り組んだりして，全体の理解を図っていきました．

そして，2020年4月からの本格スタートを目標にして，5分プログラム（特にはじめは「さがし算」を中心に，その後徐々に他のプログラムを導入していきました）を選択し，全校児童に順次体験させていきました．

同時に，児童の感想をとったり，教員の意見も聞いたりしながら「全学年年間計画表」を作成し，2019年度2学期から取り組み方や指導方法の情報交換を行うためのプレスタートを行い，本格スタートに備えていきました．

## 年間コグトレ指導計画

そのプレ実践を踏まえたうえで，2020年度実施に向けた「モジュールタイム年間プログラム配当表」（**表1**）を作成しました．**表2**は各領域におけるプログラムのねらい一覧表です．

ただし，本校の10分間のモジュールタイムは，「表現力・暗唱力を鍛える時間としての5分間」を組み込んでいますので，ここでは，「学習の構えやその土台となる認知機能を育てる時間としての5分間」のみの指導計画を紹介します．

表2 ● （参考資料）各領域におけるプログラムのねらい

| | |
|---|---|
| 数える | ● **あいう算**：記憶しながら素早く計算することで，注意力と処理速度の向上を目指します．また，計算スピードを上げる以外に，テストで問題を解いて出た答えを解答用紙に書き写す場合，転記ミスを減らすことにも役立ちます．<br>● **さがし算**：暗算が得意になり，計算スピードが向上することに加え，思考スピードも速くなります．また，短期記憶力の向上と計画力も向上します．<br>● **記号さがし**：あるルールのもとで，記号の数をできるだけ早く数えることで，注意力と処理速度の向上を目指します． |
| 写す | ● **点つなぎ／曲線つなぎ**：見本を正確に写すことで，視覚認知の基礎力がつきます．黒板からノートに写す作業や漢字を丁寧に書く力にもつながります．<br>● **折り合わせ図形**：マス目にある記号を上下対称に写すことで，正確に写すことのトレーニングになります．簡単な位置関係を理解しながら模写する力もつきます．<br>● **鏡映し**：図形を鏡像と水面像に置き換え，正確に写すトレーニングになります．また，ここでは，想像力も身につきます． |
| 見つける | ● **重なり図形**：一つだけ共通しない形を見つけることで，形の恒常性をトレーニングし，また，論理的に形を見つける力もつきます．<br>● **回転パズル**：図を回転させて同じ形をつくることで，形の恒常性をトレーニングし，頭（心）の中で回転させて同じ形を見つける力もつきます．<br>● **違いはどこ？**：2枚の絵の違いを見つけることで，共通点・相違点を把握する力をつけます．また，人の顔や表情を見分けることにも役立ちます．<br>● **同じ絵はどれ？**：複数の絵の中から同じ絵を見つけることで共通点・相違点を把握する力をつけます．「違いはどこ？」よりも高い難易度です． |
| 想像する | ● **スタンプ**：スタンプの印面を考えることで鏡像をイメージする力がつきます．一つの視覚情報から他の情報を想像するトレーニングですので，空間的な課題（図形問題，地図を読むこと等）にも役立ちます．<br>● **心で回転**：頭（心）の中でイメージを回転させる力をつけます．3次元の情報を含み，スタンプよりも高い難易度です．<br>● **穴の位置**：頭（心）の中で折りたたんだ折り紙に穴を空け，折り紙を開いたときに穴の位置はどこにあるかを考えることで展開図をイメージする力をつけます．スタンプよりも高い難易度です．<br>● **物語づくり**：ストーリーを想像しながら時間概念や論理的思考をトレーニングします．断片的な情報から全体を想像する力を養います． |
| 聴いて覚える | ● **最初とポン／最後とポン**：複数の言葉を順番に覚えることで，視覚（言語性）ワーキングメモリをトレーニングします．これを鍛えると，先生から「算数の教科書の29ページを開いて3番の問題をやりなさい」と言われると「算数」「29ページ」「3番」といった言葉を順に覚えられる力につながります．<br>● **何が一番？**：文章を理解して覚え，問いに答えることで，文章理解力と聴覚（言語性）ワーキングメモリをトレーニングします．ここでは，最初とポン・最後とポンよりも，文章を完全に理解して覚える必要がありますので，人の話を聴き，指示が理解できる力が養われます．<br>● **何が何番？**：「何が一番？」よりも難易度が増しています．このトレーニングにより，より人の話を理解する力を養われます． |

**表1**の配当表は，「数える」「写す」「見つける」「想像する」「聴いて覚える」という領域を元にして，週5回の10分間のモジュールタイムで実践できることを基本に配当したものです．①②③は，学期を意味します．①は1学期，②は2学期，③は3学期に取り組むということです．（　）内の例えば（週3）の標記の場合は，1週間に3回，つま

り3日間取り組むということを意味します．なお，補足説明として，本校では，開校以来「百ます計算」を取り入れていますので，「さがし算」に向かう前にその前段階として3年生までは継続して取り入れています．

## 指導の実際

では，実際にどのような方法で指導をし

## 図1 ● コグトレ記録カード

| 日付 | | | プログラム | 自己評価（○をつける） |
|---|---|---|---|---|
| 月 | 日 | 曜日 | さがし算②-6 | A B C D |
| 月 | 日 | 曜日 | あいう算-1 | A B C D |
| 月 | 日 | 曜日 | 物語つくり-1 | A B C D |
| 月 | 日 | 曜日 | さがし算②-7 | A B C D |
| 月 | 日 | 曜日 | あいう算-2 | A B C D |
| 月 | 日 | 曜日 | 物語つくり-2 | A B C D |
| 月 | 日 | 曜日 | さがし算②-8 | A B C D |
| 月 | 日 | 曜日 | あいう算-3 | A B C D |
| 月 | 日 | 曜日 | 物語つくり-3 | A B C D |
| | | | | A B C D |

モジュール　コグトレ　記録カード④
5年　　組　　番　名前

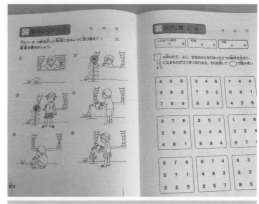

## 図2 ● コグトレファイル

ているのかを紹介します．年間の指導内容や指導カリキュラムを基に，各学年においてはCOGETから分野ごとの実施内容をコピーしファイルに綴じたものを子どもたち一人ひとりに配付し，取り組ませています．

例として，本校5年生の様子を紹介します．ファイルの表（**図1**）には，日付とプログラムと自己評価欄（A＝完璧にできた，B＝ほぼできた，C＝少しできなかった，D＝全部できなかった）を設けて簡単な振り返りをさせています．内容ページには目標タイムや実際タイムの記入欄がついていますので，時間はその欄に記入させ，前回と比べてどうだったかということをつかませています．

取り組み時間は，1時間目の前の10分間に設定している“モジュールタイム”のうちの毎日5分間です．児童が机の上に「コグトレファイル」（**図2**）を出したことを確認し，そして，教師の「用意．はじめ！」の合図で開始です．

モジュールタイムの全体の時間は10分間ですので，コグトレに実際にかけられる時間は最大4分です．もしも，予定していたプリントが早く終わったら予備ページのプリントへと進みます．その後は，答え合わせに取り組みます．

取り組みの第1回目にタイムを記録しておき，その後は，「前回」つまり，「前の自分」の記録と比べて，どうだったかを振り返るようにしています．

## 子どもたちの反応

まだ取り組みかけて1年ほどです．コグトレを通して，どれだけの力がついているのか，明確な数値エビデンスはまだありませんが，子どもたちのコグトレプリントを仕上げる記録タイムは確実に向上し，同時に，子どもたち自身がこの実践を通して，自分のなかによい感触，よい自信を感じていることは確かです．

以下，子どもたちがこの間「コグトレ」に取り組んだ学年別の感想を少し紹介します．

「コグトレをすることで，日常の授業や生活において，以前よりも自分の成長した点や変わってきた点は，どんなところですか」を問うアンケートをとりました．

① 1年生

● 線をきれいに書けるようになった．

● 計算が速くなった．

● できなくてもあきらめない力がついた．

● 間違えたところを見分けられるようになった.

● 今日はできなくても，明日は終わりたい！という気持ちができてきた.

② 2年生

● ものをよく見ることができるようになった.

● 図形問題が解けるようになった.

● 暗算が速くなった.

● 算数の点数が上がってきた.

● 正確に数えられるようになり，間違いが減った.

③ 3年生

● 集中して勉強できるようになった.

● 書き写しが速くなった.

● 算数の授業でミスが少なくなった.

● 立体図形を頭の中で動かすことが簡単になった.

● よく考えることができるようになってきた.

④ 4年生

● さがし算でとても速い計算力がついた.

● 目を動かすことが速くなり，文章を速く読めるようになった.

● 計算間違いが減った.

● 聞き取りの力がついてきた.

● たくさんの物から一つの物を探すのが速くなった.

⑤ 5年生

● 計算の正答率が上がってきた.

● 頭を使う応用問題もできることが増えてきた.

● 頭の中でメモをとるのがうまくなった.

● 判断力が速くなった.

● 漢字が前よりもたくさん覚えられるようになった（**図3**）[2].

**図3** ●「漢字数え」

⑥ 6年生

● 周りのことにも気を配るようになってきた.

● 本を読むスピードが上がり，起承転結がすぐにわかるようになった.

● 物語づくりや文章を書くのがうまくなってきた.

● 難しい問題でも進んで挑戦してみようという気持ちが現れるようになった.

● 字を速くきれいに書けるようになった.

このほかにも多数の「力がついたと実感する感想」がどの学年からもありました. 全体的に自分に自信を抱いている感想が出ているのが特徴的でした.

## コグトレをもっと広く

子どもたちの感想を挙げるだけでも，このコグトレが子どもたちに十分受け入れられていることは間違いないでしょう. 自分のこれまでの力と比較して具体的にできるようになったことを述べていることに，私は，このコグトレ実践で子どもたちを飛躍的に伸ばす可能性がある，と信じています.

「コグトレ」が世間の話題になりかけていた頃は，このプログラムが「特別支援を要する子ども」のための教材資料であるよう

に捉えられていました．しかし，「じっくりと聞くことの弱さ」「注意深く考えない」「丁寧に取り組めない」など，「覚える・数える・写す・見つける・想像する」力がしっかりと育っていない子どもたちの姿はよく見かけるものであり，そもそも何か苦手なところがあるのが多くの子どもたちではないでしょうか．

これからの教育活動においてより大切となるのは，日本COG-TR学会でも学力観として謳われている，「学習の構えや土台となる力」です．それは，まさに「よく見る力」「最後まで聞く力」「ずっと集中できる力」「筋道を立てて考える力」「効率よく計算できる力」「注意深くものを見る力」などです．

そのような点からも，学習の構えや土台となる力・認知能力をつけるために，多くの学校がコグトレを導入し，子どもたちへのトレーニングとして継続的系統的に実践を積み重ねて，その力を備わった子どもたちが全国の津々浦々で育っていくことを願っています．

## 文献

1）宮口幸治：1日5分！教室で使えるコグトレ　困っている子どもを支援する認知トレーニング122．東洋館出版社，2016．
2）宮口幸治：1日5分！教室で使える漢字コグトレ　小学5年生．東洋館出版社，2019．

# 広島市内の小規模小学校における学年別の「最初とポン」と標準学力検査（CRT）の関係

石附智奈美 ● 広島大学大学院医系科学研究科
宮口英樹 ● 広島大学大学院医系科学研究科

## はじめに

　数年前に広島市内にある小学校の校長先生から「コグトレを取り入れたいがどのように実施したらよいか」と相談がありました．学力の底上げのためにさまざまな取り組みを行っており，その一環としてコグトレを導入したいという趣旨でした．広島市内の学校では初めての取り組みであったため，まずはCOGETを用いて学年別の得点を調査したり，アセスメントとして活用できそうなプリントの選定，COGETのプリントを毎日1枚ずつ実施し，半年後の変化を調査してみるなど，いくつかの検討を行いました．そのなかでCRT教研式標準学力検査（Criterion Referenced Test：CRT）の算数の結果と最も相関の高かった「最初とポン」に焦点を当て，学年別の結果を報告します．

## 方法

### 1. 対象者

　広島市内の単学級の小学校の児童119名．普通クラスでの調査を行ったため，特別支援学級の児童は除外しました．

### 2. 調査期間

　20XX年5月〜20XX＋1年2月．

### 3. 調査方法

①COGETのシート10種を各学年で実施（初期評価）．

②初期評価のシートを除いたシートを用いて，毎日，読書の帯時間を活用してコグトレシートを1枚/日実施．

③半年後に初期評価で用いたシート10種にて再評価（介入後評価）．

④CRTの算数と介入後のアセスメント結果について分析．

### 4. 分析方法

①COGETのシート10種の得点の平均を算出し，学年別に介入前後で比較．

②介入後評価の得点とCRTの算数の相関を分析し，相関の高かったシートについて，各学年の6割が達成できる得点を算出．

## 結果

### 1. 対象者

　119名の内訳は次のとおりです．1年生19名，2年生21名，3年生24名，4年生18名，5年生18名，6年生19名．

### 2. 調査結果

　初期評価に用いたシート10種は，覚える「最初とポン①-1」，数える「記号さがし①-1」「記号さがし②-1」「あいう算-1」，想像する「スタンプ①-1」「穴の位置①-1」「順

## 表1 ● 学年別における各コグトレシートの介入開始前後の得点の平均値

| COGET項目 | | 覚える | 数える | | | 想像する | | | | | |
|---|---|---|---|---|---|---|---|---|---|---|---|
| シート名 | | 最初とポン①-1 1,2年:10点 3~6年:25点 | 記号さがし①-1 1点 | 記号さがし②-1 1点 | あいう算1 45点 | スタンプ①-1 2点 | 穴の位置①-1 3点 | 順位決定戦①-1 6点 | 心で回転①-1 3点 | 物語つくり1 1点 | 物語つくり2 1点 |
| 1年生 | 開始前 | — | — | — | — | 0.8 | 0.4 | 0.7 | 0.4 | 0.05 | — |
| | 開始後 | 5.2 | 0.1 | 0.2 | 35.4 | 1.7 | 0.3 | 3.3 | 0.7 | 0.3 | 0.2 |
| 2年生 | 開始前 | 4.4 | 0.1 | 0.05 | 24.7 | 1.7 | 0.0 | 2.7 | 1.0 | 0.1 | — |
| | 開始後 | 7.9 | 0.8 | 0.2 | 44.0 | 1.9 | 1.4 | 4.0 | 1.5 | 0.5 | 0.1 |
| 3年生 | 開始前 | 9.0 | 0.5 | 0.3 | 25.3 | 1.6 | 0.7 | 4.7 | 1.8 | 0.5 | 0.2 |
| | 開始後 | 19.8 | 0.7 | 0.3 | 43.2 | 1.9 | 1.1 | 5.6 | 2.1 | 0.7 | 0.4 |
| 4年生 | 開始前 | 21.0 | 0.6 | 0.4 | 42.8 | 1.9 | 2.1 | 5.3 | — | 0.7 | 0.2 |
| | 開始後 | 21.0 | 0.8 | 0.8 | 43.2 | 1.9 | 2.3 | 5.2 | 2.6 | 0.9 | 0.7 |
| 5年生 | 開始前 | 22.8 | 0.6 | 0.4 | 42.6 | 1.8 | 1.2 | 4.7 | 2.1 | 0.8 | 0.7 |
| | 開始後 | 22.6 | 0.7 | 0.6 | 43.8 | 1.9 | 2.2 | 5.3 | 2.6 | 0.9 | 0.9 |
| 6年生 | 開始前 | 20.4 | 0.7 | 0.4 | 42.3 | 1.9 | 2.3 | 4.9 | 2.2 | 0.8 | 0.7 |
| | 開始後 | 23.3 | 0.7 | 0.5 | 44.8 | 2.0 | 2.3 | 5.4 | 2.7 | 0.8 | 0.7 |

## 表2 ● 介入後のコグトレシートの得点とCRTの算数の相関

| | 1年生 | 2年生 | 3年生 | 4年生 | 5年生 | 6年生 |
|---|---|---|---|---|---|---|
| 最初とポン①-1 | 0.85 | 0.46 | 0.56 | 0.14 | 0.52 | 0.41 |
| 記号さがし①-1 | 0.28 | 0.10 | − 0.04 | 0.33 | − 0.04 | − 0.20 |
| 記号さがし②-1 | − 0.02 | − 0.40 | 0.42 | 0.18 | 0.26 | − 0.26 |
| あいう算1 | 0.62 | 0.31 | 0.39 | 0.39 | 0.36 | 0.22 |
| スタンプ①-1 | − 0.10 | − 0.27 | − 0.22 | 0.39 | 0.49 | — |
| 穴の位置①-1 | − 0.07 | 0.15 | 0.38 | − 0.01 | 0.21 | 0.36 |
| 順位決定戦①-1 | − 0.06 | 0.18 | 0.49 | 0.41 | 0.42 | − 0.04 |
| 心で回転①-1 | − 0.17 | 0.18 | 0.21 | 0.28 | 0.54 | 0.38 |
| 物語つくり1 | − 0.21 | 0.43 | − 0.18 | 0.28 | 0.51 | 0.46 |
| 物語つくり4 | 0.13 | 0.27 | 0.38 | 0.03 | − 0.07 | 0.18 |

■：高い相関　■：中等度の相関

位決定戦①-1」「心で回転①-1」「物語つくり-1」「物語つくり-4」でした.

　学年別における各コグトレシートの介入前後の得点の平均値を**表1**に示しました. 1年生でも「あいう算」と「スタンプ①-1」は多くの児童が満点になっていました. 2年生では「記号さがし①-1」が大きく上昇していました. 小学3年生では「最初とポン」が大きく上昇していました. 小学4年生以降は,「物語つくり」の上昇が認められましたが, 多くのシートで天井効果が認められていました.

　特に介入後評価の得点と全国模試 (CRTの算数) の関係を分析したところ (**表2**),「最初とポン」が4年生を除くすべての学年で相関の高いことがわかりました.

　**図1**は1・2年生, **図2**は3・5・6年生の「最初とポン」の得点とCRTの算数の得点

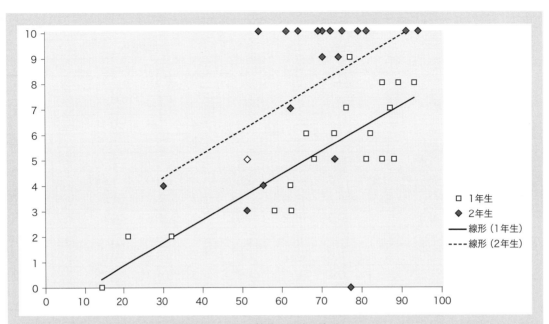

縦軸は，「最初とポン」の得点，横軸は，CRT の算数の平均を表す．
1 年生は，「最初とポン」と CRT には正の相関がみられ，また満点の生徒はいなかったため予測できる．
2 年生は，約 7 割が「最初とポン」で満点となったため，天井効果により予測は難しいが，満点にならなかった生徒には，正の相関が認められる．

**図1● 1・2年生における「最初とポン」の得点と CRT の算数の得点の散布図**

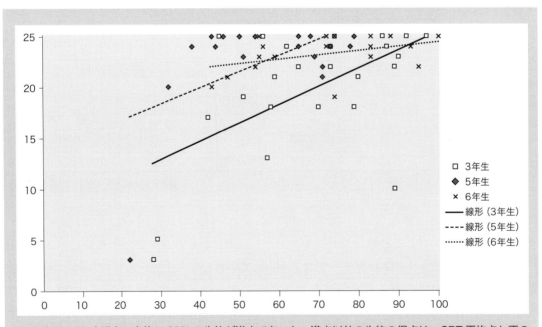

3 年生は，25 点満点で実施し 25% の生徒が満点であった．満点以外の生徒の得点は，CRT 平均点と正の相関があり，予測に用いることができる．
5 年生，6 年生は，約 3 割が「最初とポン」で満点であった．24 点以上を合わせると，5，6 年生ではほぼ達成できる課題である．

**図2○ 3・5・6年生における「最初とポン」の得点と CRT の算数の得点の散布図**

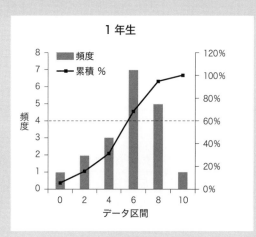

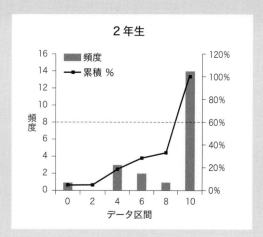

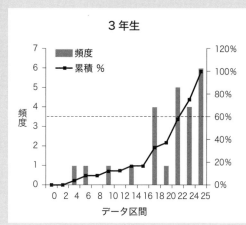

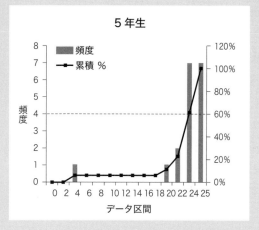

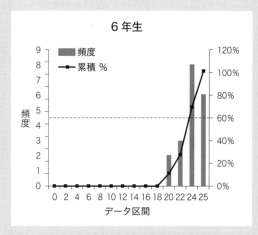

全体の6割となる点数を示した．10点満点の1年生は，6点，2年生は，9点が目安となる．25点満点の3年生では，22点が目安となる．同様に，5年生と6年生では，ともに24点が目安となる．

【結論】

● CRTの算数の得点との関連では，1年生および3年生で「最初とポン」の課題を用いることが有効となる．

● 1年生では，6/10点，3年生では，22/25点が目安となる．

● 5年生，6年生は，ほぼ満点となるため，24点未満の生徒には配慮が必要となる．

図3 ● 学年別の6割の生徒が獲得できる「最初とポン」の得点

の散布図です．1年生は，「最初とポン」と CRT には強い正の相関がみられ，また満点の児童はいなかったため「最初とポン」の得点が高いほど CRT の算数の得点が高かったと予測できます．2年生は，約7割が「最初とポン」で満点となったため，天井効果により全体の予測は難しいですが，満点にならなかった児童では，1年生と同様に「最初とポン」の得点が高いほど CRT の算数の得点が高い傾向が認められます．

3年生からは，25点満点で実施し，約25%の児童が満点でした．満点以外の児童の得点は，CRT の平均点と中程度の正の相関があり，「最初とポン」の得点が高いほど CRT の算数の得点が高い傾向が認められます．5年生，6年生は，それぞれ約3割が「最初とポン」で満点でした．24点以上を合わせると，5年生，6年生ではほぼ達成できる課題であることがわかりました．

**図3**は，得点ごとにヒストグラムを作成し，折れ線に累計%を示したものです．「最初とポン」について，学年別に全体の6割に当たる児童が獲得している得点を求めたところ，10点満点の1年生は6点，2年生は9点が目安となりました．25点満点の3年生では22点が目安となり，5年生と6年生ではともに24点が目安となりました．

## 考察

「最初とポン」の得点は，多くの学年で CRT の算数の得点と正の相関が認められま

した．特に，1年生と3年生は得点のばらつきが大きく，1年生と3年生にアセスメントの一つとして「最初とポン」を用いることで学習能力を予測できる可能性があることがわかりました．「最初とポン」は，最初の単語を覚えながら，文書を最後まで聞き，動物などターゲットとなる単語が出てきたら手を叩くタスクが要求されます．これは，文書を読みながら計算式（ルール）を頭で想起しつつ，回答を手で書くプロセスに類似している可能性があります．次々に読み上げられる「最初とポン」の文書は，国語よりも計算式のイメージに近いかもしれません．筆者らは，少年院でのコグトレ経験から，「最初とポン」にはトレーニング効果が認められ，次第に間違いが減少していくことを確認しています．

「最初とポン」は，5年生，6年生では，ほぼ満点に近い得点となりました．調査に用いたシートは，最もやさしいシートであったため難易度の調節が必要であることがわかりました．一方，24点未満だった児童には配慮が必要かもしれません．

今回，4年生のみ CRT の算数の得点と「最初とポン」の相関が認められませんでしたが，これは評価の実施方法について統一されておらず，多くの児童が満点になっていたことが起因していました．今後は，評価をするときの手続きなど，手順が統一化されるよう書面を作成して周知することも必要であると思いました．

**❷ 小学校**

# 支援学級におけるコグトレの取り組み
## ～自立活動の指導から～

野見山聡子 ● 柏原市立国分小学校

## コグトレ導入まで

　私は6年前に本校へ転任し，初めて特別支援学級（以下，支援学級）を担当することになりました．しかし，目の前の子どもにはどんな課題があって，どんな指導や支援を必要としているのか，またその解決や改善のためにはどんな授業をすべきなのか，悩みは尽きず，毎日手探りの状態でした．

　2018年度（平成30年度）に本校が文部科学省委託の「特別支援教育の視点を踏まえた学校経営構築研究開発事業」を受けることとなり，特別支援教育の視点を学校教育の柱においた学校づくりを深く学ぶ機会に恵まれました．この事業で，困っている子どもへの見立てを通した，子どもの状況の理解や指導・支援の手立てなどについて，学校全体での研究を進めるなかで，私たちは「コグトレ」に出会いました．

　さっそく，支援学級での授業でCOGOTのプログラムを実施したところ，体の動きがぎこちなく，コグトレ棒を扱うことが困難な子どもが多いことに気づきました．また，その子どもたちの多くはコミュニケーションにも課題がありました．人が好きで一緒に遊びたいと望んでいても，周りの友だちとうまく関わることができないのです．

　研究授業では，まず「伝え合うって楽しいな」というテーマで，リングタッチというビジョントレーニングや，社会的行動を題材としたSSTを通して，コミュニケーションを経験する学習をしたのですが，どの子どももとてもいい表情で，楽しそうに課題に取り組んでいました．また，今まで他者にほとんど関心を示さなかった子どもが，授業の感想で「○○さんの演技が上手だと思いました」というふりかえりをするほどでした．コミュニケーションが成立することで安心感が生まれ，自信をもつことにつながると確信がもてました．そこで，COGOTへの取り組みを始めました．

　子どもたちは学校生活のいろいろな場面で，少しでもうまくいかないとあきらめたり，やめてしまったりします．コグトレ棒を手渡したとき，どんな反応を示すか心配したのですが，「棒」という形に興味を示し，手に取ると楽しそうな表情を浮かべました．

　コグトレ棒を渡す前に，「使い方を知らないとけがをするかもしれないので，先生の話をよく聞いてください．また，この棒は，1本1本，先生たちの手作りです．大事に使ってください」と話すと，振り回したり，棒で人や物を叩いたりすることはありませんでした．そして，教員の動きを模倣し始

めました．コグトレ棒についているテープの赤・黄・青を目印とし，右手，左手ということにも意識をもつことができました．しかし，棒を落としてしまう子どもが続出しました．「ああ，やめてしまうかな」と不安になりましたが，失敗してもやめることなく，どの子どももできるまで夢中になって練習しているのです．COGOT は続けられると確信できた瞬間でした．

私は本校の支援コーディネーターでもあるのですが，毎年，教育相談や，幼稚園・保育園・保育所の先生への聞き取りから，不器用さのある子どもが年々増加していると感じていました．運動や図画工作で課題を完成させるのにとても時間がかかったり，課題にとりかかることが難しかったりする幼児が，就学予定者の約2割いるという現状があります．また，本校の支援学級在籍児童や通級指導教室に通う児童の約9割に不器用さが認められ，体育だけでなく，図工，書写，家庭科，音楽などの各教科の学習活動において困難を示しています．書字に対しても，苦手意識からなのか，力が入りすぎて疲れてしまうからなのか，書くこと自体を拒む子どもも増加しています．

不器用さのある子どもの多くに，対人，対物との適切な距離感を保つことが難しく，友だちとのトラブルが多いという傾向がありました．うまくいかない状況や失敗経験の多さから，不安感・劣等感を強く感じながら学校生活を送っている子どもがいたり，集団になじめず疎外感を感じていたりする子どももいます．

本校では従前より，これらの状況への対応として全児童を対象に，週に一度，COGET に取り組んできました．さらに，支援学級や通級指導教室において，COGOT の取り組みを実施してきていましたが，当時は計画的に実践することが難しく，子どもの変容を教員も子ども自身も実感するには至っていませんでした．そこで，国の事業の取り組みとして，支援学級や通級指導教室において，教育課程上にコグトレを位置づける工夫として，自立活動の指導の内容にコグトレを組織的，計画的に取り入れて，実践することにしました．

## 方法

はじめに，支援学級と通級指導教室で学ぶすべての子どもの実態把握をしました．アセスメントの方法には COGOT のテキストに掲載されていた，「M式不器用さチェックリスト」を使用しました．不器用さチェックリストは，行動のチェックなので，複数の教員による確認や判断が行いやすく，それをもとにして各担任が支援学級，通級指導教室，通常の学級での様子をみながら，それぞれの子どもの状況を把握し，課題を確認しました．そして，テキストで紹介されているプログラム例を参考にし，どんなトレーニングに取り組むのがよいのかを話し合い，計画していきました．それからトレーニングの内容と結果を記録していくとともに，指導方法についてどんな工夫をしたらよいか，どんな声かけをしたらよいかについても，幾度も話し合い，検討し，考えを出し合いました．

Aさんは，座位の保持が難しく，歩くときも身体の軸が安定せず，左右にふらふらしながら歩き，壁や人によくぶつかっていました．立っているときは何かにもたれることが多く，ボール運動，縄跳びなども苦手でした．学習面では学年相応の力はあるのですが，会話は一方的で，空想の世界に

浸ることが多く，集団でも個別でも話を聞くことが難しい子どもでした．集団のなかでは，周りの子どもの動きに注意が向かず，教員が何度か声をかけて気づくこともたびたびでした．

Aさんの「M式不器用さチェックリスト」では，15項目のうち「よくある」が7項目，「ときどきある」が4項目，「あまりない」が2項目，「ほとんどない」が2項目でした．

Aさんの実態把握から，視空間認知，聴覚認知，姿勢保持のトレーニングを進めたいと考えました．また，Aさんは自分の意見や考えが相手に受けとめられるととても喜びました．そのことも含めて，ビジョントレーニングとCOGOTの「柔軟運動」「体の部位を知る」「バランス運動」「力加減」「姿勢保持」「物のコントロール」という7種類のトレーニングを自立活動の指導内容に取り入れることにしました．

「トレーニングをすることで，今より上手に運動ができるようになるし，道具をスムーズに使えるようにもなると思うよ」と説明すると，Aさんは「うん！やるよ！」と納得して意欲的に取り組むことができました．

## 結果

### 1．柔軟運動

コグトレ棒を両手で持ち，前屈から後屈，回旋，側屈をしました．はじめは全身を動かすというイメージが難しかったようで，身体の一部だけ屈する状態でしたが，両足の立ち幅やつま先の向き，肘や膝を伸ばすよう指示し，手本を示すことで少しずつできるようになってきました．また，身体のどこの部分が引っ張られているように感じるのかを考えさせたところ，より動きがよくなりました．Aさんは普段から運動に対

して関心が高かったので，柔軟運動も意欲的に取り組むことができました．

### 2．コグトレ棒で身体の部位を指す

頭，肩，手の平，膝，おなか，背中，腰は指すことができたものの，つま先，かかと，ふくらはぎ，肘，脛，手の甲がどこなのか指すことができませんでした．学校生活で怪我をしたり傷めたりしたときに，どこが痛むのか不快なのかを説明できるためにも必要な知識だと考えました．何度か声かけをするうちに正しく指すことができるようになりました．

### 3．バランス運動

開眼で両手を水平に広げ，片足立ち5秒間から始めました．トレーニング当初はふらつきが強く，すぐ足が床についてしまいましたが，視点を定めること，上げた足を片方の足にくっつけることをアドバイスすると安定し始め，最終では10秒間静止して立つことができました．そのうち，閉眼で，また両手を下ろした状態でも片足立ちを持続することができるようになりました（図1）．

### 4．力加減

力を1〜5という数字に表して教員と両手を合わせて押し合いをしました．力加減はできていました．5という段階のときに，教員がオーバーリアクションで押し返されたようにふるまうと，大喜びで「強いでしょ？」と得意げな様子でした．

### 5．姿勢保持

V字腹筋，V字背筋トレーニングにチャレンジしたかったのですが，低緊張のため，腹筋や背筋の力が弱いように見受けられました．腹筋では膝を立てて頭を少し上げるところから始めましたが，だんだん嫌がるようになりました．背筋では，膝が90°に曲

図1●片足立ち開眼

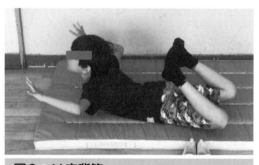

図2●V字背筋

がってしまい，両足を伸ばすことが難しい状態でしたので，このトレーニングは無理強いせず，取り組む時期を再検討するために，先送りにすることとしました（**図2**）.

## 6．物をコントロールする

コグトレ棒を使って，①自分自身の両手の間でパスする，②相手にパスしたりキャッチしたりする，③コグトレ棒の端を持って半回転，④コグトレ棒の端を持って一回転，の4種類を始めました．棒のどの部分を持つのか，どの部分を見るのか，棒の投げ方などを，一つひとつアドバイスしながら取り組みました（**図3**）.

物のコントロールに取り組むにあたって，Aさんは手だけに意識が集中することから足を閉じて立っていました．そのせいでトレーニングを始めるとすぐにふらついてし

まいました．そこで，両足を開いて立つよう伝えました.

自分でパスをするトレーニングでは，棒を手放すことがなかなかできませんでした．そこで，片手で棒を逆手で持ち，上方向に投げることから始めました．それから棒の中心を縦に持ち，左右に向かって投げるよう指示しました．投げる強さもアドバイスすると次第にコントロールできるようになりました.

相手に向かってパスするトレーニングでは，左右のどちらの手に持つのか，相手のどちらの手に渡すのかということを決め，相手を見ること，「せえの」という声かけをしてから投げることを伝えました．発声してから投げることが難しかったようですが，できるようになるとリズム感も出てきてス

| トレーニング・プログラム | | 5月8日 | 7月16日 | 指導の工夫 |
|---|---|---|---|---|
| **<身体を知る>** | | | | |
| ①柔軟運動（1分） | ・前屈から後屈 | ○ ⟨△⟩ × | ○ ⟨△⟩ × | |
| | ・回旋 | ○ ⟨△⟩ × | ⟨◎⟩ △・× | つま先の向きは前のまま |
| | ・側屈 | ○ ⟨△⟩ × | ⟨◎⟩ △・× | わき腹を伸ばそう |
| ②身体をコグトレ棒で指す（1分） | ・相手を見ながら | ○ ⟨△⟩ × | ⟨◎⟩ △・× | |
| | ・見ないで | ○・△・⟨×⟩ | ⟨◎⟩ △・× | |
| ③バランス（10秒） | ・片足立ち（開眼・閉眼） 各5秒程度 | ○・△・⟨×⟩ | ⟨◎⟩ △・× | 一点を見つめよう |
| | ・片足立ち（開眼・閉眼） 各5秒程度 | ○・△・⟨×⟩ | ⟨◎⟩ △・× | |
| **<力加減>** | | | | |
| ①力加減（1分） | ・壁押し | ⟨◎⟩ △・× | ○・△・× | |
| | ・二人で押し合い | ⟨◎⟩ △・× | ○・△・× | |
| ②姿勢保持（3分） | ・V字腹筋 各10秒 | ○・△・⟨×⟩ | ○ ⟨△⟩ × | おへその下に力を入れよう |
| | ・V字背筋 各10秒 | ○・△ ⟨×⟩ | ○・△ ⟨×⟩ | |
| **<物をコントロール>** | | | | |
| （各10秒×8種類） | ・コグトレ棒 バランス棒1・2 | ⟨◎⟩ △・× | ⟨◎⟩ △・× | |
| | ・コグトレ棒 相手にパスしてキャッチ | ⟨◎⟩ △・× | ⟨◎⟩ △・× | |
| | ・コグトレ棒 回転（半回転・縦／横） | ⟨◎⟩ △・× | ⟨◎⟩ △・× | |
| | ・コグトレ棒 回転（半回転・縦／横） | ○ ⟨△⟩ × | ⟨◎⟩ △・× | 大丈夫！できてるよ |

□できた　□もう少し　■指導の改善を要する

**図3 ● COGOT トレーニング・プログラム：A さん**

ムーズに続けられました.

半回転のトレーニングでは，足を閉じたまま，手だけを意識して棒を回転させようとしていたため，すぐふらついていました．そこで，足幅を指示し，棒を少しだけ回すことと，自分の目の高さで回転させるようにアドバイスしました．うまくいかず投げ出すかと思ったのですが，続けていくうちにまったく触れなかった棒が指にかかるようになったことで一生懸命になり，成功するととても満足した表情を浮かべていました．利き手の右手だけではなく，左手にも挑戦し，横回転だけでなく縦回転にも自らすすんで取り組むようになりました（**図4**）.

一回転のトレーニングでは，半回転のトレーニングが成功したことが A さんの自信になり，進んで挑戦することができました.

なかなか成功しませんでしたが，同じクラスの上級生が手本を見せ，励ましの言葉をかけてくれたこともあって，何度も挑戦し成功することができました．子ども同士で高め合う姿を目の当たりにしました.

### 考察

支援学級，通教指導教室で自立活動の指導として，COGOT に取り組んだ結果，学習において困難さを持つ子どもたちが楽しんで学ぶことができただけでなく，成功体験を味わうことで自己肯定感が高まり「自分はできるんだ」という自信に繋がったと感じました．そして，うまくできない友達に対してアドバイスをしたり励ましたりすることで，自己有用感も高まったのではないかと思います.

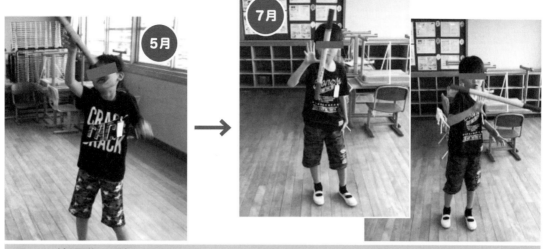

図4 ● 棒運動・回転

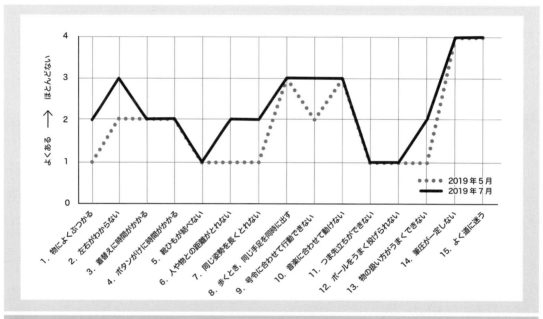

図5 ● M式不器用さチェックリスト：A さん

アセスメントで使用した「M式不器用さチェックリスト」を，トレーニング2か月後に再度実施したところ，不器用さが減少する結果がみられました（**図5**）.

この変化に伴って，物の扱いで注意されることが確実に減り，不快な感情を持つことが少なくなったのではないかと考えられます．また，周りとのコミュニケーションが成立し，他者とのトラブルが減少するといったことから，心のモヤモヤ感やイライラ感を抱えることが少なくなったと感じています.

## 今後の課題

自立活動の指導内容として，計画的にCOGOTに取り組んだことで子どもの状態の

変化をみることができたと思います．効果がみられた子どもに対して，効果が少ししかみられなかった子どももいて，一人ひとりの成長を把握できたことは取り組みのスタートを揃えた成果であると考えます．一方で，担任の見立てが正しかったのかどうか，また，担任が選択したプログラムは，その子どもに最適だったのかどうかについて検証する必要があることもわかりました．課題を正しくつかみ，トレーニングの目的を理解したうえで取り組まなければ結果が伴わないと考えます．

そして，限られた時間に計画的に進めることが難しい子どももいる状況のなかで，子どもが進んでトレーニングに取り組めるように，見直しの時間をつくることも必要だと考えます．それを担任任せにするのではなく，学校組織のチームで共有し，検証することで解決できるのではないかと思います．何よりコグトレの効果である，子どもの変容を教員が実感することが最優先課題だと考えます．最近でこそコグトレはマスコミや書店で周知されてきていますが，教育現場においてはまだまだ広がっていないと感じます．すべては子どもたちのために！という思いを強くもち，今後もコグトレを通して子どもの「できる」につなげていきたいです．

# 小学校通級指導教室での
# コグトレの活用

木下裕紀子 ● 京丹後市立峰山小学校

## はじめに

通級指導教室で指導している子どものなかには,「うまくできない」という経験を繰り返し,学習意欲が低下している子どもが少なくありません. 子どもたちの背景はさまざまですが,共通した特徴のある一群の子どもがいます. それは,知的能力の個人内差が大きいことに加え,強いこだわりや注意力に問題などがある子どもたちです. 特に知的発達がゆっくりな子どもの場合は,個人内差を十分に理解し,特性への配慮や支援を行わないと,学業不振や教室での不適応,不登校のような二次的な問題を引き起こしてしまいます.「やってもできない」と自信を失っている子どもたちに「学びの意欲と学びの自信」を育てることは,通級指導教室の役割の一つです[1].

通級指導教室では,これまでも,子どもの認知の特性に合わせて,「みる力・きく力・書く力」や行動の基盤となる力を高める指導を,「自立活動」として行ってきました. 私は数年前から,自立活動の指導プログラムの一つに,「コグトレ（COGET, e-COGET ）」を取り入れています.

## 注意・集中力が弱く,
## 聞くことが苦手

5年生のAさんは,低学年の頃から文字を正しく読んだり書いたりすることが苦手で,不注意によるミスが多い子どもでした. 話を聞くことは特に苦手で,クラスで順番に音読をするときに,読んでいる場所がわからなくなったり,自分の順番がきても気がつかなかったりすることや,質問されても「えっと,なんだったかな？ あれ？」と答えられないことがありました. 自分でも,「聞いて考えているうちに,頭の中が混乱してわからなくなるんだ」「聞くテストがいつもできないんだ」と,話を聞けないことに困っていました.

WISC-Ⅳ知能検査では,知覚推理は高く,言語理解は年齢相応,処理速度は年齢よりやや低めで,ワーキングメモリは大きく落ち込んでいるという大きなアンバランスがみられました. また,注意力や集中力の弱さに加え,融通の利きにくさもみられました. 自分のやり方へのこだわりが強く,一度覚えたことの修正が難しいことから,課題をこなすのに時間がかかりました. 低学年の頃から真面目に取り組もうとするのですが,すぐに疲れてしまい続かないことや,

表1 ● Aさんへの指導の枠組み

ねらい：注意・集中力を高める
指導期間：5年生から6年生，約2年間
時間・場所：週1時間・通級指導教室
指導形態：個別指導（Individualセッション）
指導内容：「読む・聞く・書く」の課題とコグトレ

つまづくと一気に気持ちが下がりパニックになって泣き出してしまうこともありました．そうなると，いくら励ましても課題に向かうことができなくなりました．

高学年になったAさんの願いは，「これまでずっとできなかった，聞くテストができるようになりたい」「テストでよい点数がとれるようになりたい」ということでした．そこで，通級指導教室では，学習の土台を固めるためにコグトレに取り組むことにしました（表1）．

## COGETを使って
## アセスメント

トレーニングを始める前に，アセスメントを目的として何種類かの課題シートを試しました．WISC-Ⅳのプロフィールなどから苦手と思われる課題は予想していましたが，スムーズにできる課題とつまづく課題の差が予想以上に大きいことがわかりました．ワーキングメモリの弱さがあるAさんにとって，「覚える」「数える」分野の課題は，設問に従って行うことが難しく，途中でやめてしまうこともありました．逆に，視覚認知の強さを生かせる「見つける」「想像する」分野の課題は，パッと見て理解でき，非常にスムーズに仕上げることができました．しかし，得意な課題でも不注意によるミスが多く，正確に行うことはできていませんでした．そこで，苦手な分野のトレーニングだけでは辛いだろうと考え，苦手な

分野と得意な分野を組み合わせて進めることにしました．1時間の指導のなかで，得意な分野と苦手な分野から2つずつ課題を選ばせて取り組みました．

## コグトレ指導の実際

### 1．強い認知を生かしたトレーニング（得意な分野）

Aさんは毎時間，「見つける」「想像する」（得意な分野）の課題シートを最初に選びました．「楽にできて楽しい課題」からスタートすることで意欲が上がり，後の苦手な課題にも取り組みやすくなりました．また，学習の様子から，絵で考えると理解しやすいけれども部分に注目し全体を見ていないこと，見て直感的に理解できても思考の順序や道筋を言葉で答えるのは難しいことなど，Aさんの認知の仕方（どのようにわかっているのか）がみえてきました．そこで，この「楽にできて楽しい課題」を使い，Aさんの苦手な「順序よく話す・理由を説明する」という「思考を言語化する」練習を加えました．これまでも四コマ漫画や体験をもとにスピーチをする練習をしてきたのですが，苦手意識が強くなかなか意欲が上がりませんでした．しかし，この練習では，キーワードや接続語を使い，思考の順序や道筋を話せるようになってきました．「同じ絵はどれ？」「違いはどれ？」（見つける）では，見つけ方を質問すると，「まずは，この女の子に注目，次に鏡を見て，それから（中略）ここは○○だからこの絵は違います」と順序よく話せるようになりました．「心で回転」（想像する）では，理由を質問すると，「牛から見ると矢印が左を向いているから，答えはこうなります」と絵から想像する状況を話すことができました．

**表2 ●「記号さがし」指導の記録**（抜粋）〈1回/週×33週〉

| 実施時期<br>（回数） | 課題内容 | 学習の様子・子どもの反応 |
|---|---|---|
| 5年<br>2学期<br>（11回） | ①記号 | 1回目：△▽全て数え，途中を飛ばし，正解から大きくずれる．<br>処理の手順：まず✓をつける．次に数える．✓をしながら数える．<br>自分で考えた手立て：声に出して数える．数えた数をメモする．<br>　✓以外の数を／で消す．下敷きで行を隠す．同じナンバーを繰り返し練習する．<br>これらの方法は，その時々の課題に合わせ使い分けた．<br>＊約3か月後，3分台でできるようになり，誤差も1，2個になる． |
| 5年<br>3学期<br>（6回） | ③イラスト | 1回目：「e-COGET」①刺激記号でブレーキがかけられず，全部のリンゴを数えてしまう．<br>2回目：自分で問題文を読み上げ，ルールを確認してから始める．①のときの工夫を使い数えていく．時間測定はせず，数えることだけを目標にする．<br>3～6回目：「COGET」③正しく数えられる．見直しをし，誤差を修正できるようになってきた． |
| 6年<br>1学期<br>（9回） | ③イラスト<br>②記号 | ③時間を測定すると，1分40秒台で正しく数えられた．<br>②途中で「おっと，あぶない！」と刺激記号に気づき訂正する．<br>＊約1年後，ルールに従って数えながらブレーキがかけられようになった． |
| 6年<br>2，3学期<br>（計10回） | ④数字 | 1回目：自分でルールを読みスムーズにできた．刺激記号を見落としたがすぐに気づくものの，中間あたりで一段飛ばしてゴールする．<br>2～10回目：数字や白黒の大小のルールが代わっても，パニックになることはなくなった．✓をしながら頭で正確に数えることができるようになってきた．「おっと，あぶない！」とブレーキをかけてその場で訂正できるようになってきた． |

## 2．弱い認知のトレーニング（苦手な分野）

### 1 「記号さがし」（表2）

　ワーキングメモリが弱いAさんにとって，非常に苦戦する課題でした．「記号さがし①」の1回目，「✓をつけながら△を数える」という指示に，△だけではなく▽もチェックし，途中をとばして数えていました．間違っていることに気がつかないまま進んでいき，正解ではないことを知り落胆するという結果でした．これがAさんの困難さであり，このようなことが日常のなかでたくさんあると思われました．そのため，スモールステップでトレーニングを行いました．「正しく△を数えること」だけを目標にすると，次第に自分で工夫して正しく数えるようになりました（図1）．トレーニング開始から約3か月後には，安定して正しく数えることができるようになりました．「記号さがし③」で，「りんごの数を数えながら✓をつけるが，

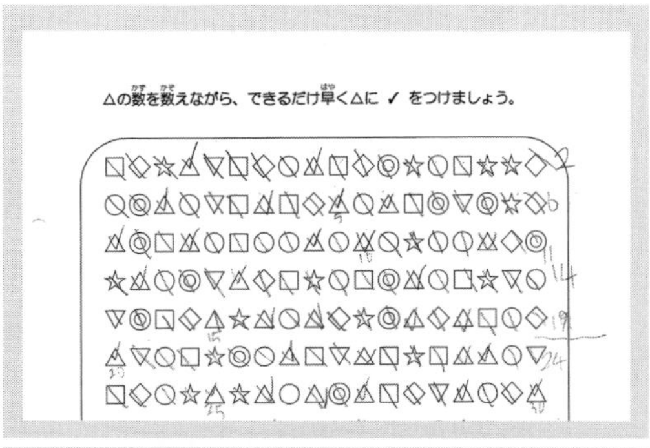

**図1 ● 課題シートの工夫（記号さがし①）**

左に刺激記号があれば数えず✓もつけない」という新しいやり方に変わると，またつまづいてしまいました．しかし，翌週には，「記号さがし①」でみつけた方法を使いながら，ルールに従って正しく数えることができるようになりました．

　6年生になると変化がみられました．「記号さがし②」のトレーニングをしていたときです．後半に差しかかったとき，「おっと，

**表3 ●「最初とポン」指導の記録（抜粋）〈1回/週×14週〉**

| 実施時期<br>（回数） | 課題内容 | 学習の様子・子どもの反応 |
|---|---|---|
| 5年<br>1学期<br>（3回） | ①-1，2，3 | 1回目：「最初の言葉を書く」「動物が出てきたら手を叩く」と指示を分けて行った．「手を叩く」は後半になると忘れ，「最初の言葉を書く」は，「あれ？何だっけ？」と思い出せなかった．3回指導したが，下を向き辛そうだったためいったん中止にした． |
| 6年<br>1学期<br>（10回） | ①-1 | 1年後：「記号さがし」ができるようになってから再度行った．指示を分けて実施．「手を叩く」がスムーズにでき，「最初の言葉を覚えて書く」は2回に分けてすると最後までできた． |
| | ①-1 | 前回と同じナンバーを使う．マニュアル通りに正しくできた．<br>＊本人は，できたことに驚きとても喜ぶ． |
| | ①-2〜8 | スムーズにできるが，「黒い→暗い」「金色→黄色」のように似た音を聞き間違えて書くことが，後半にみられた． |
| | ①-9 | 10回目：「森」を「山」と書き間違えるが，「おっと，あぶない！」とブレーキをかけ，書き直すことができた．また，「話が終わるのを待っていたら忘れるから，すぐに（メモ）書くんだ」と忘れないための工夫がみられた．<br>＊集中し，聞きながらメモしていた． |
| 6年<br>3学期<br>（1回） | 最後とポン<br>①-1 | 11回目：「最後とポン」は新しい課題であったが，スムーズにできた．感想を聞くと「やり方を覚えたらできるようになった」と答えた．<br>＊約1年半後，複数のルールでも安定してできるようになった． |

あぶない！」と叫びました．ストップ記号を見過ごしていたことにその場で気づき，ブレーキをかけることができたのです．「あぶないとこだった」と言いながら，すぐに訂正することができました．これを境にして，「おっと，あぶない！」と自分でブレーキをかけられることが増えてきました．6年の2学期からは，難度を上げ「記号さがし④」に入りましたが，初めてのルールでもつまづくことはなくなり，自分で設問を読んでやり方を理解し，落ち着いて課題に向かうことができました．開始から1年後には，途中で「おっと，あぶない！」とブレーキをかけながら，設問どおりのルールで最後まで正確に課題シートをやりきれるようになりました．

② 「最初とポン」「何が一番？」

「最初とポン」（覚える）は，聴覚性ワーキングメモリを必要とする課題で，アセスメントの時点で困難であると判断し，いったん中止した課題でした．1年後，「記号さがし」ができるようになった頃にもう一度やってみたところ，できるようになっていました（**表3**）．

「何が一番？」（覚える）は，長文を聞き取ることへの苦手意識が高かったことから，取り上げなかった課題でした．6年の2学期になり，「記号さがし」「最初とポン」が楽にできるようになってから行うと，とてもスムーズにできました．「どのように考えたの？」と聞くと，「説明を聞いて絵で考える，頭の中に（場面）をつくるんだ」と答えました．この頃になると，ワーキングメモリが働き，さらに，聞いた情報を絵や図でイメージして考えるというように，自分の得意なやり方を使って考えることができるようになっていました（**図2**）．

## 子どもの変容

5年生の後半になると，自分でブレーキ

すごろくで，お兄さんが弟よりも先にゴールしました．妹はお兄さんよりも先にゴールしました．お姉さんは弟よりも後でゴールしました．一番早くゴールしたのは誰ですか？（②-4の6）

**図2 ● 「何が一番？」略字や記号のメモの再現（例）**

をかけて間違いに気づくことや，自分でみつけた方略を使って課題を解決することが，教室の学習場面でもみられるようになりました．本人がこれまでずっとできないと思っていた，国語の聞き取りテストができるようになり，テスト用紙に略字や記号（矢印など）をメモしながら，8割程度の点数がとれるようになってきました．また，読解問題や資料の読み取りテストでも不注意のミスが減り，点数がとれるようになってきました．

6年生の1学期のことです．社会のテストを見せながら，「最初，（解答欄に）東大寺って書いていたんだけど，（資料を）見直したら，国分寺って書いてあったんだ．おっと，あぶない！と思って，あっそうか，国分寺かって，上（資料を）見てわかったんだ」と話してくれました．これまで資料の読み取り問題は，表やグラフを注意して見ることが難しく，説明を見落としてしまい，わかっていたけど正しく書けなかったというケアレスミスが多かった問題でしたが，ミスをせず満足いく結果が出せたことをとても喜んでいました．また，6年生の後半になると，苦手意識の強かった聴写やスピーチ，作文への拒否もなくなり，できることが増えてきました．卒業式の日の手紙には，「"話す・聞く"のメモがとれるようになり

ました．他にもいろいろなことを教えてもらいました．（中略）中学校に行ってもがんばります」と書かれていました．

通級指導教室で約2年間，コツコツとコグトレに取り組むことができたAさんは，間違いに自分で気づき（ブレーキをかけ），ミスを訂正・修正できるようになり，よい結果につながり満足するという「成功体験」（うまくできたという感覚）を積み上げることができました．「うまくできないんだ」と学習意欲が下がっていたAさんでしたが，弱さを補う方略を使えるようになり，「みる力・きく力・書く力」に自信をつけ卒業していきました．

## 指導のポイント・留意したこと

### 1．行動観察をていねいに行い，子どもの認知の特性に合わせて使うこと

子どもの表情やつぶやきを見逃さず，「どの内容を」「どのくらい」「何のために」行うのかを明確にして指導をしました．子どもが「辛い」というサインをみせたら，いったん中止したり，内容を変更したりするようにしました．例えば，「心で回転」がまったくできなかった読み書き困難のある子どもには，「タングラムパズル」など別の教材に切り替えて視覚認知のトレーニングを行いました．子どもに合わせ，「繰り返す・中

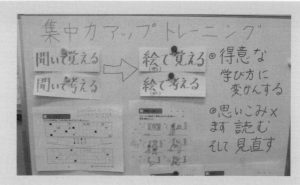

中学校の準備をしよう
T 「自分の学び方を分析しよう」
　「どんな間違い方をするタイプ？」
　「自分の弱点と強みは？」
C 「いつも間違えるのは半分過ぎたころ」
　「聞いて覚える・聞いて考えることは苦手」
　「絵で覚える・絵で考えることが得意」
　「謎解きみたいに考えるのが好き」
T 「得意な学び方に変換するとやりやすくなりそうだね」

**図3●授業の記録（6年3学期）**（抜粋）

止する・時間をおく」を見極めることが大切です.

## 2.「弱さや苦手」などネガティブな面だけでなく，「強さや得意」に着目すること

　コグトレを進めていくと，子ども自身が自分の得意不得意に気づくようになります. そして，試行錯誤しながらさまざまな方法を試し，自分の強さを生かして弱さを補う方略をみつけていくようになります（**図3**）. また，「困ったときは，このように声をかけてほしい」と自分で必要な援助が求められる姿や，「点数は悪かったけど，メモできたからいいんだ」「○○に挑戦してみる. できないかもしれないけど，できるかもしれないからね」と柔軟に自分を受け入れ，落ち着いて課題に向き合える姿も出てきます.

## 3．包括的に指導や支援を進めること

　子どもは，人との関係のなかで，時間をかけて育っていきます. コグトレも，誰かと一緒に（先生や友だちと一緒に）取り組み，いろいろな教材と組み合わせて学習することで，効果が波及していくと考えます. 認知機能の向上に加え，自己理解・対人ス

キル・感情統制力・問題解決力のような，社会面や情緒面の育ちを支えることにもつながりそうです.

## おわりに

　コグトレは，教材の特徴を理解し，子どもの発達や持てる力を十分に考慮しながら指導のプログラムに組み入れると，その有効性が生きてきます.

　教科学習そのものではないので取り組みやすく（安心），謎解きやクイズのような感覚で考えることができ（楽しく），紙と鉛筆で勉強した気分になれる（満足感が得られる），子どもにとって，意味のある学習ツールになります. 特に，学習につまづき自信をなくした子どもたちにとっては，「学びの意欲と学びの自立」のきっかけにもなると考えています.

## 文献

1）小谷裕実，藤本文朗，青山芳文，小畑耕作，近藤真理子（編著）：小・中学校の教師のための特別支援教育入門. ミネルヴァ書房，2020.

# 「点つなぎ」を個別トレーニングに使ってみて

**髙村希帆** ● 立命館大学大学院人間科学研究科

通常の学級には支援を必要としている子どもが在籍しているといわれていますが，担任の負担の大きさや子どもの実態の多様化などから個々の支援を必要としている子どもに気づくことが難しいといえます．そのため，学級全体で行える支援方法やアセスメントキットなど，支援を要する子どもに気づけるツールが求められていると考えます．

そこで，近年，教育領域で広がりをみせるコグトレの認知機能強化トレーニングであるCOGETを用い，X小学校にてトレーニングを行いました．全学年を対象にCOGETスクリーニング1回目，トレーニング，COGETスクリーニング2回目の順で実施し，学級でCOGETを行う効果を検討しました．その結果，全学年で有意な効果が認められました．

次に，ある学年のスクリーニングの得点から担任が特に気になると判断した児童A，児童Bに対し，約2週間「点つなぎ」を宿題として行ってもらいました（個別トレーニング）．終了後，スクリーニング3回目を行いました．今回は個別トレーニングによる変化を紹介します．

Aさんはクラスのムードメーカー的存在でした．男女問わず交流し，授業中の発言もよくみられ，課題も頑張って取り組んでいる児童でした．しかし「点つなぎ」のスクリーニングは72点満点中，1回目は20点，2回目は30点と集団トレーニングでの向上はあるものの，まだまだという感じでした．AさんはCOGETに意欲的に取り組んでいました．宿題はノートに貼られたシートに取り組み，次の日，担任に提出，誤答の場合は正答の点が色づけされ，やり直すという方法で行いました．最初は簡単なシートから始めましたが，誤答も多くみられま

した．終盤には難しいシートも写せるようになりました．3回目のスクリーニングの得点は53点と1回目と比べ著しい向上がみられました．

Bさんはクラスでおとなしい存在でした．担任と話すことが好きだけれど，他児がいると話せません．いつもタイミングを計って担任に話しかけていました．授業中は黙々と参加していますが，声をかけてみると指示の意味が理解できていなかったり，黒板と手元のプリントの対応ができていなかったりする場面もありました．Bさんは1回目の点つなぎは61点でした．2回目は52点に下がっていました．宿題は，Aさん同様，簡単なシートから始めますが，間違いが多くありました．しかし，終盤では難しいシートでも間違いなく写せていました．また，毎回シートの余白に担任やX小学校のコグトレ担当の教師との交換日記のような会話が展開されていました．「点つなぎ」の誤答減少をほめたり，Bさんの趣味に関する会話が展開されていました．Bさんの宿題への意欲は低かったけれど教師と交換日記を行ったことで最後まで継続できたといえます．そのおかげか，3回目では72点と満点を取れるまでに向上しました．

X小学校では，集団トレーニングだけでは認知機能の向上が不十分と感じられる児童に対し，追加で個別トレーニングを実施しました．その結果，児童の力に合わせた支援ができ，能力やペースに添うことで認知機能が向上するとわかりました．また，個別トレーニングを行うだけでなく，児童と教師がもう一歩深くつながることで，それが児童のやる気を継続させるとわかりました．個別トレーニングの可能性が広がったように感じます．

# 公立中学校での
# コグトレの取り組み

佐藤伸子 ● 大阪市立白鷺中学校

## コグトレとの出会い

2015年度に宮口幸治先生を本校の教職員研修にお招きし,「コグトレ」について初めてお話を聞きました. 先生が少年院で出会った子どもたちの話は, 学校でも思い当たることがたくさんありました. 今, 私たちの目の前にいる生徒も, 彼らが苦しんできたことと同じことに苦しんでいるのではないか. また, それに対して私たちは何もできていないのではないかということに気づかされました.

例えば, ある子は, 授業中に別の子が注意されると, 自分は注意されていないのに「なんで俺なん?」と怒ります. 何度も同じようなことがありました. この子は人の話を聞いていないのか, 被害妄想が激しいのか? そんなふうに思っていました. しかし, 宮口先生によると, それはその子の「きく力」や「みる力」といった認知機能の弱さによって起きることだというのです. これまで私たちは「きく力」が弱い子に「人の話を聞きなさい」と指導するか, こういう子だから仕方がないと片づけてきたわけです.

コグトレで「きく力」や「みる力」といった認知機能を高めることができるのなら, ぜひやってみたい. すぐやってみたい. 研修に参加した多くの職員がそう思いました. とはいえ, どう進めていけばいいのかはわからず, 宮口先生に定期的にアドバイスをいただきながら, 手探りで「コグトレ」を実践していくことになりました.

なお, 本文で取り上げる課題シートは, COGET から引用しています.

## 中学生のつまずき

どのトレーニングを進めていけばいいかを探るために, まずは, 中学生たちはどこにつまずきがあるのか, スクリーニングとして,「最初とポン」「点つなぎ」「記号さがし」「あいう算」「物語づくり」などいくつかの課題に取り組みました.「点つなぎ」で気になるシートを宮口先生に見ていただきました.「点つなぎ」については, どの学年にも, 一部に**図1**のようなシートがみられました.

また, 次のようなことがわかりました.

● 予想していた以上につまずきがある.

● 数学, 国語の点数と並べてみると,「最初とポン」との相関性が高い.

●「記号さがし」の正解率が期待されるよりもかなり低い.

スクリーニングの結果をみて, さまざまなトレーニングのなかから, 基本的な「きく力」「みる力」などを高めるトレーニング

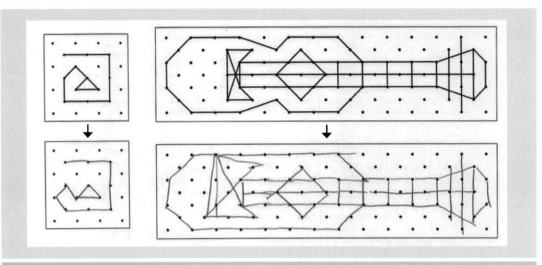

**図1 ●「点つなぎ」の例**

をしっかり行う必要があるということになりました.

## これまでの取り組み

学力向上の観点からも，一部の生徒ではなく，全体で取り組みたいと考えていました．しかし，全体でトレーニングを継続的にやっていくとなると，どこで時間を取るかが問題になりました．朝の学活か，終わりの学活で行うのがよいと思いましたが，終わりの学活は，生徒たちも早く帰りたい気持ちが立つので，落ち着いて取り組むことができません．朝の学活では，別の取り組みを行っていたので取り入れることは難しいし……．1回につき，わずか5分程度のトレーニングなのですが，なかなか思うように取り組みは進められませんでした．はじめは「総合の時間」などで，時間が取れるときに，「記号さがし」をやったり，「最初とポン」をやったりするのが精一杯でした.

なかなか思うように実践できない状態のなか，「点つなぎ」などの一人でできる課題を週に何回か宿題にしたり，週1回，朝の学活をコグトレの日にしたりするなど，少しずつですが，各学年ともできる範囲で継続してトレーニングを行えるようになってきました.

ある学年では，週2回「点つなぎ」を宿題にし，週1回，朝の学活で「きく力」のトレーニング（「最初とポン」と「何が一番?」）に取り組みました．また，5月と年度末に「蜂の巣」「立方体」「Reyの図」の模写を行い，生徒たちがどれくらい力を伸ばせたかを検証しました.

### 1.「点つなぎ」などの宿題

毎日配布していた家庭学習プリントの裏を週2回「点つなぎ」にして，翌朝提出するという形にしました．「点つなぎ」は「点つなぎ②」からスタートさせましたが，「点つなぎ①」からのスタートでよかったかもしれません．時間もかからないし，楽しくできるので，宿題という方法はよかったと思います．最初苦戦していた生徒も結構いましたが，だんだんできるようになっていきました．すべての「点つなぎ」のシートが終了した後に，「くるくる星座」に変えてみましたが，かなり難しかったようです.

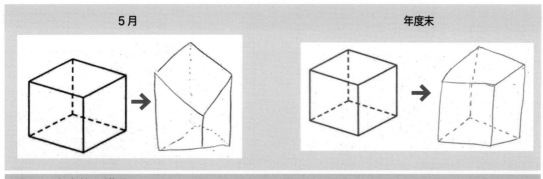

**図2** 立方体の模写

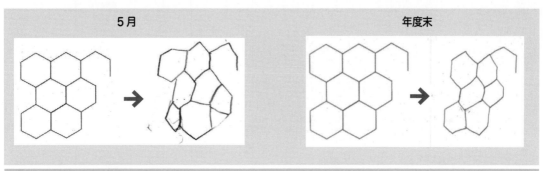

**図3** 蜂の巣の模写

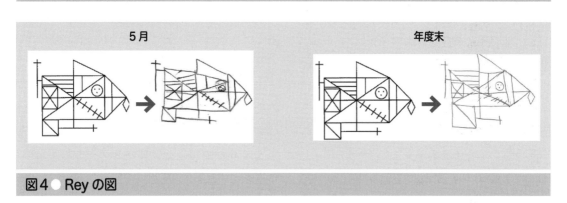

**図4** Rey の図

### 2．朝の学活「聞く力」のコグトレ

「最初とポン」と「何が一番？」を交互に行いました．「最初とポン」は問題が10題あり，最初はすべてやっていたのですが，答え合わせまでやると，けっこう時間がかかります．宮口先生に相談のうえ，6～10番の5題のみにしました．また，「何が一番？」は難しすぎるかなということでした．

「最初とポン」は頭を使うので，生徒たちも疲れるようです．また，多くの生徒は最初のことばを覚えるのに必死で，手を叩くべきところで手を叩かないということがたびたび起きるので，覚えているところに邪魔（手を叩く）が入ることで「聞く力」のトレーニングになるのだということを何度か説明する必要がありました．

### 3．「立方体」「蜂の巣」「Rey の図」の模写

5月には，立方体の模写では底辺が三角形

になっていたり，蜂の巣の模写では六角形の集まりととらえられていなかったりしましたが，年度末には，それぞれにおいて変化がみられました（**図2**〜**図4**）.

# トレーニングプログラム

週2回以上コグトレの時間を取れればいいのですが，現状では週1回しか取れません．試行錯誤のなかで，何度も宮口先生に相談させていただき，2020年度からこれでどうかとプログラムを提案していただきました（**図5**）.

①1期（1〜5週）　スクリーニング期間

　週1枚ずつ計5枚のシートを使う.

　シートは回収して採点し，必要であれば個別トレーニングにつなげる.

②2期（6〜25週）　トレーニング期間

　週1枚ずつ20回（20週）集団トレーニングを実施．実施シートは回収して採点し，正答率の変化をみる.

③3期（26〜30週）　再スクリーニング（効果測定）

　週1枚ずつ計5枚のシートを使う.

　シートは回収して採点し，1期と比較してどう変わったかをみる.

　必要に応じて次年度以降の修正案や個別トレーニングにつなげる.

**おわりに**

2020年度は新型コロナウイルス感染拡大の影響で，突然学校が臨時休校となりました．学習の保障はできるのか，行事などはどうしていくのかという混乱のなか，ようやく6月中旬に新学期がスタートしたため，2020年度はスクリーニング期間を削りましたが，スクリーニングも行い，目に見える形で効果が出ればもっとコグトレを進めていけると思っています.

| | | 回/週 | | | |
|---|---|---|---|---|---|
| スクリーニング期間 | | 1 | 数える | 記号さがし | 記号さがし①-1 |
| | | 2 | 見つける | 形さがし | 形さがし-4 |
| | | 3 | 写す | 点つなぎ | 点つなぎ③-1 |
| | | 4 | 想像する | 順位決定戦 | スタンプ②-1 |
| | | 5 | 覚える | 最初とポン | 最初とポン①-1（1〜10） |
| トレーニング期間 | 1クール | 6 | 数える | 記号さがし | ②-1 |
| | | 7 | 覚える | 最初とポン | ①-2（6〜10） |
| | | 8 | 写す | 点つなぎ | ③-6 |
| | | 9 | 数える | 記号さがし | ②-2 |
| | | 10 | 覚える | 最初とポン | ①-3（6〜10） |
| | 2クール | 11 | 数える | 記号さがし | ②-3 |
| | | 12 | 覚える | 最初とポン | ①-4（6〜10） |
| | | 13 | 写す | 点つなぎ | ③-7 |
| | | 14 | 数える | 記号さがし | ②-4 |
| | | 15 | 覚える | 最初とポン | ①-5（6〜10） |
| | 3クール | 16 | 数える | 記号さがし | ②-5 |
| | | 17 | 覚える | 最初とポン | ①-6（6〜10） |
| | | 18 | 写す | 点つなぎ | ③-8 |
| | | 19 | 数える | 記号さがし | ②-6 |
| | | 20 | 覚える | 最初とポン | ①-7（6〜10） |
| | 4クール | 21 | 数える | 記号さがし | ②-7 |
| | | 22 | 覚える | 最初とポン | ①-8（6〜10） |
| | | 23 | 写す | 点つなぎ | ③-9 |
| | | 24 | 数える | 記号さがし | ②-8 |
| | | 25 | 覚える | 最初とポン | ①-9（6〜10） |
| 再スクリーニング（効果測定） | | 26 | 数える | 記号さがし | 記号さがし①-1 |
| | | 27 | 見つける | 形さがし | 形さがし-4 |
| | | 28 | 写す | 点つなぎ | 点つなぎ③-1 |
| | | 29 | 想像する | 順位決定戦 | スタンプ②-1 |
| | | 30 | 覚える | 最初とポン | 最初とポン①-1（1〜10） |

**図5 ● トレーニングプログラム（週1回）**

**❸ 中学校**

# 児童生徒が「他者を通して見た自己の姿」に気づくためのプロセス
## ～メタ認知を深める COGST の活用例～

島田敏行 ● 三重県四日市市立西笹川中学校

## コグトレ実践の経緯

「児童生徒は自ら好んで荒れるのではない．さまざまな外的要因が重なったため，荒れざるを得ない」筆者は常々そう考えています．以下に筆者が関わった小・中学校の実践において印象に残っている事例を紹介します（以下，「私」は筆者のことです）．

『数回の医療関係者を交えたケース会議後，私が生徒Pを中学3年時に引き継いだときは，読み書きの困難さに加え，多動衝動性が強く不注意があり，授業中に暴言や離席も頻繁にありました．幻聴や幻視があるとも報告されていました．そんなPでしたが，多くの方と連携をはかりながらさまざまな支援を行うなかで，Pは次第に落ち着いて穏やかに過ごせるようになっていきました．Pは卒業間際，教室で私と静かに過ごしているときに，遠くのほうで複数の教員に対して大声で暴言を吐きながら泣き叫んでいる生徒Qに気がつきました．そのときPは「先生，Qも大変やなあ．俺も昔，あんなんやったわ」とつぶやきました』

PはQの姿を見ながら過去の自らの姿を重ね，さらに現在の自分の姿と比較してい

たと考えられます．このようにPは過去の自分自身を客観的にみる（メタ認知する）ことで過去の自分がいかに未熟であったかを自覚したと筆者は推察しました．

ほかの事例です．筆者が清掃活動を生徒とともに取り組んでいたときのことです．

『熱心に掃除をする生徒がいて，私は「そうやって人の嫌がることをすすんでやろうとすることは素晴らしい」と声をかけました．そうしたら，それを見ていた生徒Rが「じゃあ，こうやって人を押したりして嫌がることをしたらいいんだね！」と横から発言してきました．私はそのとき，「Rさん，そんなふうに明らかに間違っていることを堂々とできるとは，ある意味，うらやましいな！」と返しました．すると，Rは恥ずかしそうにして，どこかに行ってしまいました』

筆者がしたフィードバックは自分に向けられた他者目線に気づかせる，つまりメタ認知を促すものだったのですが，Rはそれに気がついたため，恥ずかしそうにしたのだと推察します．もう一例だけ紹介します．小学校3年生の朝の会の場面です．

『担任の先生が「最近，朝の会の前の休み時間で予鈴のチャイムが鳴っても運動場で遊んでいる子がいるようです．予鈴が鳴ったら教室に戻るようにしましょう」と言いました．それにすかさず反応した児童Sがいました．Sは普段は時間を守らず，好き勝手している児童です．「そうやんな，先生！俺，6年生にそのことを注意したら逆ギレされたからムカつくんや！」と言いました．担任の先生は内心，「あなたが言えることではないでしょう」という感じで苦笑いをされていましたが，その場面を後ろから見ていた私は「そうやって時間が守れないことに対して注意できた君は素晴らしい！　時間を守ることは大切だからね！」とすかさず返しました．思わぬ声がけにSはきょとんとした感じでしたが，その声がけに納得した様子でした』

これはSに対して他者理解から自己理解への変換（つまりメタ認知の深まり）を促したものです．このような教育現場で起こる子どもの困りごとは日常的にさまざまな場面で起こっていると推察します．また，この困りごとは教育現場に限らず，社会生活のさまざまな場面で起こりうる困りごとです．上記のエピソードのように，誰かが介入し，対話をすることで，メタ認知の深まりを促すことができればいいのですが，常にそれを行うことはできません．やはり意図的にそのような場面を創出し，そのなかで児童生徒に「他者を通して見た自己の姿」に気づくきっかけを与える必要があるのではと考えます．

そこで，「人の変容は自分で自分の改善するべき箇所に気づき，"自ら変わりたい"と思うことから始まるのではないか．それにはまず自分自身をメタ認知することが必要ではないか」という思いのもと，自ら変わりたいと思うきっかけづくりをするために開発されたCOGSTを活用した授業実践を小学校5，6年生と中学校1年生で試みることにしました．

## 授業での取り組み例

2つの小学校と1つの中学校で授業実践を行いました．小学校では5年生，6年生の3クラス，中学校では1年生に行いました．活用した教材は『1日5分！教室で使えるコグトレ』[1]にある「この人はどんな気持ち？」と「この人たちはどんな気持ち？」です．この教材を活用した理由は次の3つがあります．

- 人は他者の表情を見てその気持ちを想像することはそれほど困難ではないこと
- 自分の気持ちを言うのは負担がかかるが，他者の気持ちは比較的容易に言えること
- 他者の気持ちを考えているときに「もしかしたら自分は…」というように自身を振り返り，他者を通して見た自己の姿に気づく可能性が高まること

そして，これに基づき，授業目標を「人によって多様なとらえ方があることを知る」「多様なとらえ方があることを否定せずに寛大に受けとめることができる」としました．

毎回の授業の後，児童生徒が書いた授業の振り返りの作文を集め，筆者の判断で以下の①～⑥の観点が文中に認められると判断された割合をカウントしてみました．
① さまざまな面白さと興味深さがある
② さまざまな表情のとらえ方がある
③ 感情や考え方の多様性がある
④ 他者の感情を察する難しさがある

5 自己の振り返り・他者への関心がある

6 学んだことはない・わからない

## 結果からみえたこと

### 1 さまざまな面白さと興味深さがある

いずれも半数を超えていて，授業内容に対する興味関心の高さがうかがえます．自己や他者に関心をもたない児童生徒がどのように考えたかは追跡しづらいですが，ある児童は「この人たちはどんな気持ち？」の授業の後，下記のように書いてきました．

「ぼくはこの人はどういう気持ちですか？という問題が苦手です．でも，この道徳をして，国語とちがって道徳は答えがたくさんあると島田先生が言っていたので，自分なりの意見が1つ以上だせました．この道徳をしてよかったと思います」

苦手といいながら，授業を受けてよかったと書いています．今までは自己や他者に対する関心が低かったかもしれませんが，この授業がきっかけで少し関心が高まったと考えられます．

### 2 さまざまな表情のとらえ方

3〜4割の児童生徒が人によって表情のとらえ方には違いがあり，多様性があると気がついていました．推察ですが，自分の表情のとらえ方を他者の表情のとらえ方と比較して考えた児童生徒もいたかもしれません．この場面で他者を通して見た自己の姿を振り返ろうとした児童生徒もいたと考えられます．

### 3 感情や考え方の多様性がある

約3割の児童生徒が感情や考え方の多様性に対して驚きを交えた気づきを書いていました．ある振り返りには「私が思っているように相手は思っていないかもしれないということに気づきました」と書かれてい

ました．授業実践は小グループでの学び合いの形をとっています．もしかしたら，この場面で児童生徒はお互いに刺激し合い，さまざまな気づきが生まれたのかもしれません．

### 4 他者の感情を察する難しさがある

これはそう感じた児童生徒が顕著に多かったようです．しかし，1からは「難しいから嫌だ」と感じているわけではないこともわかります．「難しいけど興味関心が高い」ということはそれだけ深い思考をしているかもしれません．また，登場人物が複数になるとその人たちの関係性やその場の状況を理解する必要があるから難しいと気づいた児童生徒も少なからずいました．

例えば，小グループでの思考錯誤の場面で「私は…と考えたけど，Aさんは全然違っていた」，学級全体での交流の場面で「私たちの班は〜と考えたけど，B班はあんなふうに考えたんだ」などと驚きを交えた気づきがあった児童生徒もいました．そういった児童生徒は「私の考え方はこうだけど，もしかしたらこれは珍しい考え方なのかもしれない」と気づいたのかもしれません．特にこの過程において「他者を通して見た自己の姿」に気づく可能性が高いのではと推察します．

### 5 自己の振り返り・他者への関心がある

このことについて，2〜3割の児童生徒が自己をふりかえり，感情や考え方について他者への関心を示しました．授業後にこれらの児童生徒が実際の学校生活の場面や学校を離れて仲間と遊ぶ場面などで何らかの形で他者に発信し，お互い影響を及ぼし合っているかもしれません．

### 6 学んだことはない・わからない

これについては数名の児童生徒が「学ん

だことは何もない，わからなかった」と書いていました．一部の児童生徒には課題が難しかったのかもしれません．この点は今後の課題と感じています．

## 振り返ってみて

現在，学校においてメタ認知を高めるための系統だった指導はなされていません．

一方で，児童生徒たちの言動をみていると先に述べた「人の変容は自分で自分の改善するべき箇所に気づき，"自ら変わりたい"と思うことから始まるのではないか．それにはまず自分自身をメタ認知することが必要ではないか」ということをますます実感する次第です．

そのなかで，COGST は気づきを与えるための有力なツールの一つではないかと考えます．今後，特に「メタ認知」に注目して児童生徒の社会面への支援を続けていきたいと思います．

## 文献

1）宮口幸治：1日5分！教室で使えるコグトレ 困っている子どもを支援する認知トレーニング122．東洋館出版社，2016．

# 中学校の通級指導教室におけるコグトレの取り組み

**石井秀典** ● 高槻市立如是中学校

本校の通級指導教室では，教員と生徒による1対1の授業を行っています．コグトレは授業のなかで2,3課題程度を，生徒の課題に合わせて実施しています．

通級にやってくる生徒たちは少なからず学習上，生活上の失敗体験を積み重ねてきています．コグトレは自分にとって何が得意で何が苦手かを把握し，克服のための工夫を考えることで自分自身の成長をとらえるためのツールの一つであると私は思っています．

例えば，ある生徒は，気持ちのコントロールが苦手であることを主訴として通級につながりました．その生徒の相談を聞くなかで，実は気持ちのコントロールができなくなる原因の一つに学習に対する不安感があることがわかりました．担任や各教科の先生に生徒の様子を尋ねると，提出物など問題なく出せている一方，授業中，指示されたことがわからない様子で手が止まっていることがあるという話を聞くことができました．そこで，聞く力の状況を把握するため，文章を聞いて理解するトレーニングの「何が一番？」と，文章を聞いて記憶しておく「最初とポン」の2つの聴覚的認知に関するコグトレ教材に取り組んでもらいました．

すると，「何が一番？」では順番の並び替えを特に悩むことなく回答できたのに対して，「最初とポン」では読み上げた2つの文章のどちらか，時には両方の最初の言葉を忘れてしまうという結果でした．このことから，この生徒は授業中に聞いた指示を覚えておくのが苦手であることがわかりました．

そこで改めて「このトレーニングは"何ページの何番の問題をやってください"と指示されたときに，先生が言った言葉を覚えておく力を鍛えることができるよ」と説明して「最初とポン」の課題に取り組むようにしました．また，教室内でヘルプを出す練習として，最初の言葉を忘れてしまったときには「もう一度お願いします」と自分からヘルプを出す練習も同時に行いました．

取り組み始めてからもしばらくは，2文の最初の言葉を覚えておくことは難しい様子でした．そこで，教師側が1文目を読みあげた後，一度最初の言葉を確認してから2文目を読むという方法をとってみると，1文目2文目の最初の言葉を覚えることができていました．これをヒントに「1文目を聞いたときに頭の中で最初の言葉を繰り返し言ってみよう」と覚えるための工夫を提案して課題に挑戦すると，今度は2文とも正解することができました．この工夫を取り入れてから半年後には3文の課題も少ない聞き直しで正解することができるようになりました．

もちろん，すべての指導でこのようにぴったりと合った工夫がみつかるとは限りません．また，こだわりが強く，一つの方略に固執する傾向のある生徒には，また違ったアプローチをする必要があります．本校では他校から通う生徒についても1対1での指導を行っていますが，グループ指導を行っている学校であれば，他者との交流を通してさまざまな工夫を学ぶといった手法も取り入れることができると思います．

その後，この生徒が授業を受ける様子を参観すると，教科書を開く，プリントをファイルから出すなどの指示がしっかりと聞けていて，困ることも少なくなったようでした．こうした小さな成功体験の積み重ねを，彼らの将来の自立につなげることができればと思っています．

# チーム ANABUKI
## ～生徒の自立をめざしたコグトレ活用法～

正木敦子 ● 徳島県立穴吹高等学校

## はじめに

　高校生の年齢になると，さまざまな経験から自己肯定感が低かったり，頑張ることを諦めていたりする生徒もいます．生徒たちは高校卒業後数年のうちには社会へ出ていきます．関わりをもてる間に生徒が社会で生き抜くための力を少しでも伸ばしてやりたいと願う気持ちは，この本を手に取られた方はみなさん同じではないでしょうか．

　本校ではコグトレをクラスや授業単位で一斉に実施しています．期待する効果を得るには継続的な実施とアフターフォローが欠かせません．しかし，対象者数が増えると準備する手間や実施時間，解答後の処理などいくつもの壁があります．本校で行っている「誰でも同じように，簡単に」できるための工夫が，これからコグトレを実践してみようと思われている方のヒントになれば幸いです．

## 取り組みの具体例

### 1．認知機能強化トレーニング（COGET）
### 「数える・写す・見つける・想像する」

　COGET のテキストに記載されている進め方に沿って出題しています．

　実施は朝の SHR（ショートホームルーム）前の 10 分間で実施しています．時間を決め，

ルーティン化することで，生徒も職員も取り組みやすくなっています．1 回の問題数は 2 〜 4 問と多めに出題しています．一斉実施で問題になる個人差に対応するためです．素早くできる生徒は次の問題へ進み，難しいと感じる生徒は一問をじっくり考えています．問題によっては，近くの生徒同士で教え合う様子もみられ，よい雰囲気で実施できています．

　本校では準備・実施・チェックの担当者を分けています（**図 1**）．それぞれの担当を分けることで，教職員の負担軽減と確実な実施につながっています．また，各担当が相互にコミュニケーションをとる機会が増え，生徒の得意やつまずきについて情報共有や相談をすることもでき，授業や部活動，その他の学校生活においても役立っています．

　実施した問題は回収し，チェック担当者が答え合わせをしています．答え合わせというと正誤を意識しますが，ここでは「できているところ」に注目しています．回収した課題シートには，できるようになるためのヒントだけでなく，できている部分や前回からのよい変化，問題を解こうとする姿勢も含めて生徒の頑張りを認めるコメントやサインを添えています．人前でほめら

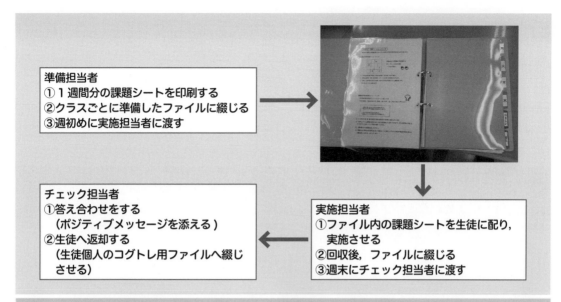

準備担当者
① 1週間分の課題シートを印刷する
② クラスごとに準備したファイルに綴じる
③ 週初めに実施担当者に渡す

チェック担当者
① 答え合わせをする
　（ポジティブメッセージを添える）
② 生徒へ返却する
　（生徒個人のコグトレ用ファイルへ綴じ
　させる）

実施担当者
① ファイル内の課題シートを生徒に配り，
　実施させる
② 回収後，ファイルに綴じる
③ 週末にチェック担当者に渡す

**図1● COGET「数える・写す・見つける・想像する」分野の流れ**

**表1● COGET「覚える」分野の流れ**

| | 回数 | 授業 | 出題の工夫 | 解答時の工夫 |
|---|---|---|---|---|
| 視覚性の短期記憶トレーニング（見るトレーニング） | 週1回 | 情報 | パソコンを使用（図2） | 記入シート（図4） |
| 聴覚性の短期記憶トレーニング（聞くトレーニング） | 週6回 | 英・数・国 | CDプレーヤーを使用（図3） | |

れることに抵抗を感じる生徒にもポジティブメッセージを届けられるツールであり，生徒からは「コメントを楽しみにしている」という声も聞かれます．

　また，コグトレの問題は一見簡単そうに思えても，回を重ねるごとに難易度が上がります．ただ，以前に解いた問題の応用であることも多いため，返却した課題シートは生徒自身で持っているコグトレ用ファイルに綴じさせ，生徒がいつでも見返すことができるようにしています．

**2．COGET「覚える」**

　授業の形態に応じて割り当て，5分程度で実施しています．

**① 見るトレーニング出題の工夫**

　パソコンソフトを使って問題を作成して

います（図2）．問題の表示や消失，答えの表示が自動的に行われるように設定しています．一斉に実施するには，生徒が見やすいように，問題を大きく表示する必要があります．以前は大きく印刷した問題をスケッチブックに貼りつけ，それをめくりながら出題していました．しかし，大きいと扱いにくく，時間を計りながら行うのはとても大変でした．

　そこでコンピューター室での授業の際にメインパソコンから，生徒の使うパソコンに事前に入力した問題を一斉配信しています．出題の手間を少なくすることで，より注意深く生徒の様子を観察することができます．

**図2●見るトレーニング出題の例**

手順1　教室に設置されている CD プレーヤーを準備する
手順2　付属のカードから問題を選ぶ
手順3　トラック番号を参考に再生（出題）する
手順4　一問ごとに一時停止し，生徒に解答を記入させる

**図3●聞くトレーニング出題の例（CD と問題カード）**

**②聞くトレーニング出題の工夫**

本校職員が読み上げる問題文を録音した CD を準備しています．全部で8枚の CD に収録し，CD プレーヤーとともに教室に設置しています（**図3**）．

CD ケースには問題と答えを歌詞カードのように小さく印刷したものを付属しています．これにはトラック番号も書いてあり，出題したい問題を簡単に再生できるようになっています．

生徒は毎回，今日の問題はどの先生が読み上げているのか楽しみながら取り組んでいます．

**③生徒自身が成果を実感する工夫**

「できるようになっている」と生徒自身が実感することも大事です．そこで，毎回，正解数をグラフに記入しています．グラフは生徒が持っているコグトレ用ファイルの内側に貼りつけており，実施ごとに記入し，変化を確認することができます（**図4**）．

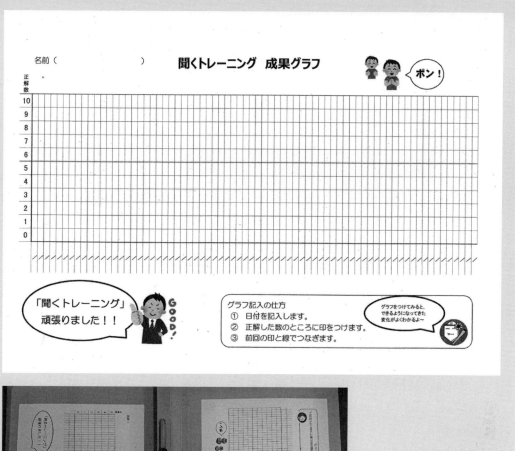

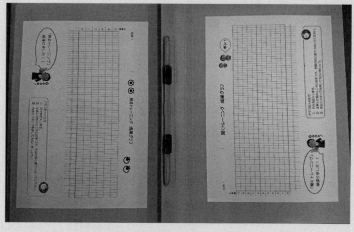

**図4●聞くトレーニングの正解数記入のグラフ**

4 解答記入シート準備の工夫

　「覚える」分野の解答記入シートは複数の
セッションに使えるよう3種類に絞ってい
ます（見るトレーニング「数字はどこ？」
「○はどこ？」用を2種類，聞くトレーニン
グ「最初とポン」「最後とポン」用を1種類）.
　解答記入シートをそのつど印刷するのは

大変です．事前にたくさん印刷しておいて
も持ち出しや返却を繰り返すうちに縒れた
り，劣化して変色してしまったりします.
そこで，講座の最大受講生数の記入シート
をクリアファイルにセットし，職員室出入
り口付近に設置したキャビネットに入れて
います．クリアファイルを使うことで，用

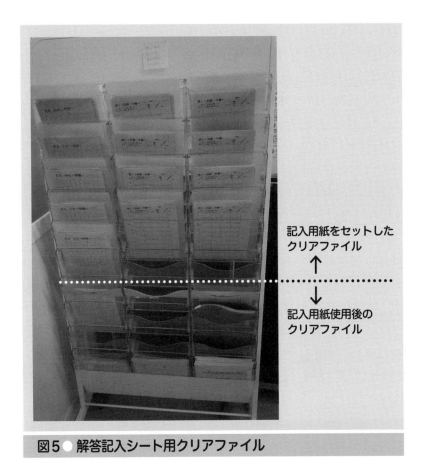

**図5 ● 解答記入シート用クリアファイル**

記入用紙をセットした
クリアファイル
↑
‥‥‥‥‥‥‥‥
↓
記入用紙使用後の
クリアファイル

紙はきれいな状態を保てますし，持ち出しも簡単です（**図5**）．

　準備担当者はキャビネット下段にあるファイルに不足数を補充する要領で用紙をセットし，キャビネット上段へ入れておきます．長期休業中など時間に余裕のあるときに準備しておき，不足分を補充するこのサイクルは，準備担当者も実施担当者も負担が少なく，実施を継続することができています．

### 3．認知作業トレーニング（COGOT）

　COGOTのテキストに沿って，体育の授業時間内に実施しています．所要時間は15分程度です．

　体育の時間は，服装も場所もCOGOTをするにはぴったりです．普段の流れのなかに無理せず取り入れていくことで，スムーズに実施できています．動作の説明や注意点についてはディスプレイやホワイトボードにイラストで大きく表示しています．

　どの活動も笑い声とともに活発に実施できています．さらに，やってみたCOGOTの動作と実生活での経験を結びつけながら，体の動かし方について考える機会とすることで，より効果的な取り組みとなっています．

### 成果

　社会で生きていくために，働くことは重要です．働くには学力だけでなく，仕事上の指示を理解する力などが必要です．本校で定期的に実施している学力判定テストでは，就労や就労継続が難しいとされる範囲内の生徒数が減少しました．

**表2 ● 就労に関するセルフチェック**

| 「就労に関するセルフチェック」質問項目 | 1年時と3年時の変化 |
|---|---|
| 1. ロッカーや自分の持ち物などの整理整頓をすることができる | ＋1.4% |
| 2. 相手や場に応じた言葉遣いができる | ＋13.5% |
| 3. 指示を聞き，正しく実行できる | ＋7.0% |
| 4. 困ったときやわからないときに，助けを求めたり質問したりすることができる | ＋24.4% |
| 5. うまくできないことを途中で諦めず，努力することができる | ＋16.9% |
| 6. 集中して取り組むことができる | ＋17.9% |
| 7. 学校や社会の決まり・ルールを守ることができる | ＋12.5% |
| 8. 他者からの評価を聞き，素直に受け止めることができる | ＋8.5% |
| 9. 相手の気持ちを気づかった関わり方（例えば「優しい口調で接する」など）ができる | ＋14.3% |
| 10. 自分の夢や希望，将来の目標を言うことができる | ＋3.5% |

さらに，継続して働いていくには，学力以外の生活上のスキルや情緒の安定といった要素も求められます．それらの指標として，本校では「就労に関するセルフチェック」も年2回実施しています．**表2**は，それぞれの質問に対して「できる」「ほぼできる」と回答した生徒の割合を1年時と3年時で比較したものです．その結果，すべての項目において増加していました．

**おわりに**

よいものでも，その使い方によって効果は大きく変わってきます．そのため，生徒や学校の実態に合うようにと試行錯誤しながら取り組んできました．最初は小さな提案でしたが，教職員と課題を共有し，取り組み方法について相談や検討を重ね，今では学校全体で取り組みを進めることができています．本校ではコグトレを通して，たくさんの「いいね」を生徒に伝え，生徒が「頑張ってみよう」と新たな一歩を踏み出せるよう応援しています．

多くの子どもたちが自分に「いいね」を出し，明るい未来を歩んでいけるよう願っています．

**文献**
● 徳島県西部版「就労支援チェックリスト」．美馬市・つるぎ町障がい者自立支援協議会就労支援部会．
● 就労に関する自分発見チェックリスト．徳島県立みなと高等学園．

# 夜間定時制高校 「総合的な探究の時間」などでの取り組み

中山千恵美 ● 京都市立西京高等学校定時制

## 学校紹介

京都市立西京高等学校は，全日制・夜間定時制があり，同じ建物に附属中学校も設置されています．京都府全域が通学区域であり，遠方から通学している生徒もいます．1年生から3年生まで各3クラスで，全校生徒は150名程度です．本校は3年間で卒業する教育課程です．2013年度（平成25年度）から「長期欠席者特別入学者選抜」を実施し，長期欠席者を対象とした定員枠が設けられました．現在，不登校経験のある生徒は60％近くに上り，ほかにもさまざまな困りごとを抱えた生徒が在籍しています（**表1**）.

## コグトレにどう取り組むか

周囲とのコミュニケーションが苦手，勉強が苦手で自信がないという生徒が多く，コグトレは有効に活用できると考えています．しかし，高校では単位取得が必要ですので，授業中に個別抽出して取り組むことはできません．別枠の時間を設けるか授業時間内で工夫するしかありません．別枠の時間に行うには本人の意思が大切ですが，「自分だけ特別なことをする」ことに抵抗感があり難しい状況です．現在は以下の3つの授業場面でコグトレを活用しています（**表2**）.

## 1．1年生『総合的な探究の時間「総合基礎」』での取り組み

2018年度（平成30年度）から授業名を「総合基礎」とし，コーピング，ソーシャルスキルトレーニング（SST）を中心とした学習を始めました．生徒自身が自分を見つめ苦手なことも含めて自分を認めること，さまざまなストレスに対処する方法を知り，よりよい学校生活を送ることを目的にしています．また，周囲との関係を築き，自信をもって集団での生活に臨めることを願いSSTを取り入れています．これらの力は学校だけでなくアルバイトや卒業後の生活にもつながるものと考えています．

2019年度（令和元年度）途中から，この授業でCOGETを取り入れました．すると，生徒の意外な力に気づきました．学校ではほとんど発言せず，気持ちや考えを表現したり文字で書くことも難しかった生徒が，「形さがし」「記号さがし」などをあっという間に解いていました．視覚優位を目の当たりにし，改めて生徒の力に気づく出来事でした．

この生徒は2年生になり「情報処理」を学習して検定に合格するなど力を発揮し，自信を深めています．このエピソードからコグトレは生徒理解のためのアセスメント

## 表1 ● 在籍生徒の特徴の例

- 不登校による未学習や集団生活未経験
  小学校から不登校の生徒，中学校はほとんど登校していない生徒など
- 発達障害の診断を受けている，診断は受けていないがその傾向がある
- 勉強が苦手で低学力
- 起立性調節障害と診断されている
- 心臓，脳腫瘍，若年性リウマチなどの疾患がある
- 身体障害者手帳を所持し車いすを使用している
- 家庭環境に課題がある（ネグレクト，虐待経験，両親不在，母または父の不在，貧困）
- 外国にルーツがあり日本語運用能力が十分でない

## 表2 ● コグトレの対象と取り組み方法

| | 対象 | 教育課程上の位置づけ（授業名） | 週あたり時間 |
|---|---|---|---|
| 1 | 1年生全員 | 総合的な探究の時間（総合基礎） | 1時間 |
| 2 | 2年生全員 | コミュニケーション英語1 | 3時間 |
| 3 | 1年生希望者 | LD等通級による指導（生活基礎） | 1時間 |
| | 2年生希望者 | LD等通級による指導（生活活用） | 1時間 |

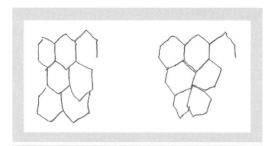

**図1 ● 蜂の巣の模写**

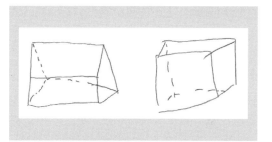

**図2 ● 立方体の模写**

になると考え，次年度は年度当初から取り入れました．

### ① 生徒理解・アセスメントとしての活用

年度当初にCOGETを参考にプリントを作成し実施しました．蜂の巣の模写・立方体の模写・「点つなぎ③-1」の模写（魚）を課題としました．

### 蜂の巣の模写

六角形が縦長になるなどフリーハンドならではの多少の変形はありますが，ほとんどの生徒は描けていました．そのなかで約11％に間違いがありました．形が不正確（崩れぎみ，あやふや），辺の重なりが不正確（一辺が長い，六角形が離れている）などです．

注意集中して書いていない，隣り合う辺が重なり合うことに気づいていないなどが考えられます（**図1**）．

### 立方体の模写

約13％に間違いがありました．図の形がとれていない，歪んでいる，角がとれていない，点線（表面からは見えない辺）が違う方向に入っているなどです．見て描くとはいえ立方体の展開図を理解していないと正しくは描けません．理解力の問題と見えない線を描く想像力，角や辺の長さを表現するバランス感覚に課題があると考えられます（**図2**）．

**図3 ●「点つなぎ③-1」の模写（魚）**

### 「点つなぎ③-1」の模写（魚）

　ていねいに描く，さっと手早く描く，長さや間隔にこだわって描く，細い線をたくさん描く等々，描き方の特徴から取り組む姿勢や性格が窺えました．そのなかで22％に気になる図がありました．著しく雑に描いたものも含みますが，線が欠けている，線が多い，魚のヒレを描き足すなどです．

　注意集中して描いていない，思い込みで描いてしまったなどが原因として考えられます．また，全体像を把握して細部から描き始めることが苦手であること，そもそも複雑な課題は面倒でやる気がでないことも考えられます（**図3**）．

　一つひとつの記入の仕方や出来具合から生徒の特徴をみることができます．問題は一人の生徒が複数の課題でつまずいていることです．4課題中2〜3課題に間違いがある生徒は，年度当初の各教科の学力調査でも低得点です．今後の学習や高校生活全般で注意深く観察し配慮や支援が必要と思われます．

### ② 学習の導入時の活用

　授業開始後の5〜10分間を「集中力トレーニング」と名付けてCOGETに取り組んでいます．「総合基礎」は教科学習とは異なるので，学習に入るための気持ちをつくることをねらいとしています．切り替えです．楽しく集中することを大切にしています．そのため，生徒たちの関心の度合いや出来具合を見ながらいろいろな種類のCOGETを活用しています．

　生徒たちが楽しく取り組むことは大切ですが，指導者はどのように取り組んでいるか生徒の様子を注視します．COGETのそれぞれの「ねらい」を意識して生徒が記入したものを見ることが必要です．間違え方や記入の仕方から一人ひとりの得意なもの苦手なものを知ることができます．日々アセスメントする姿勢が望まれます．

### ③ 使用したCOGET

- ● 数える：「まとめる」「さがし算」「あいう算」
- ● 写す：「点つなぎ」「記号の変換」
- ● 見つける：「違いはどこ」「同じ絵はどれ」「形さがし」「重なり図形」「回転パズル」

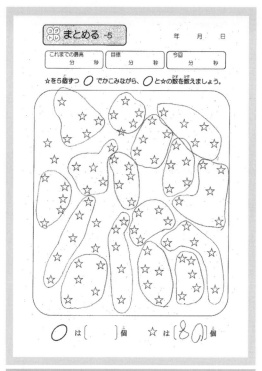

**図4 ●「まとめる‐5」**

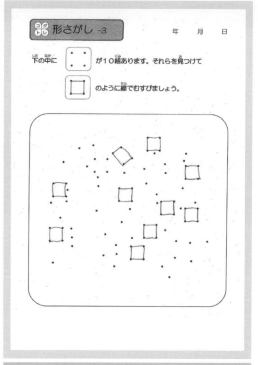

**図5 ●「形さがし‐3」**

● 想像する：「順位決定戦」

4 生徒の様子

「違いはどこ」はどの生徒もどの回も楽しく取り組みました．季節に応じた絵に関心を示し，3つ目の間違いを見つけるとホッとして喜んでいました．生徒間での会話もみられ，和やかな空気が生まれました．このようにどの課題も好評で，興味をもって取り組み，毎回楽しみにしているようでした．しかし，なかには以下のように気になる様子もみられました．

「さがし算」では2つまたは3つの数字を足す場合は容易でした．一マスに3組ずつ探すとなると急に難しく感じ，著しくスピードが落ちる生徒がいました．「あいう算」ではさらにスピードに差が生じました．速く解く方法を工夫する生徒がいる一方で，解答記入のワンクッションに戸惑い，時間がかかる生徒がいました．時間はかかるがじっくり確実に解くタイプもいました．

「まとめる」では，☆を5つずつ線で囲んでいきますが，全体を見ずに囲んでいき，最後にはあちらこちらに☆が残っている状態になってしまいました（**図4**）．

「形さがし」は三角形や四角形は容易に見つけられますが，楕円形や矢印など複雑な形になると点の数が多くなり急に見えなくなるようでした．反対に意味のある形のほうがわかりやすく素早くできるという生徒もいました（**図5**）．

「同じ絵はどれ」は，得意な生徒は素早くでき，苦手な生徒は最後まで見つけ方に悩んでいました．注意して見るポイントを伝え指導者とともに取り組むこともありました．

「順位決定戦」も同様で，一つひとつ説明をしながら見ていくと気づくという生徒が複数いました．

生徒理解・アセスメントで気になった生徒がここでも浮上してきます．生徒の自信喪失やモチベーションの低下にならないような配慮が必要です．どの課題も回を重ねると改善することが予想されます．もう少し時間があればできるという場面が多々ありました．また，聴覚認知を使う課題には取り組んでいません．何らかの機会を設けて個別に取り組めるとよいと考えます．

## 2．2年生「コミュニケーション英語1」での取り組み

2年生の「コミュニケーション英語1」は，3単位（週3時間）の設定です．中学校で不登校を経験した生徒のなかには英語の基礎が身についておらず苦手という生徒がいます．アルファベットや簡単な英単語が難しい場合もあります．このような状況から，楽しみながら英語に親しむ力をつけてもらいたいと願い『1日5分！教室でできる英語コグトレ』[1]の活用を試みました．

2学期中間考査後（10月中旬）から期末考査（12月初旬）までの間に取り組みました．週に2回，5〜10分，各回2枚ずつ実施しました．「おもしろい，取り組みやすい」と生徒たちには好評でしたが英語力は個人差が大きく取り組みの難しさが窺えました．

### ① 使用した英語コグトレ

「アルファベットさがし」「英単語かぞえ」「最初とポン」「最後とポン」「心で回転」「スタンプ英単語」．

### ② 生徒の様子

**「アルファベットさがし」**

全部の課題に取り組み，だんだん速くなっていきました．そのなかで以下のような気になる反応がありました．

● できないわけではないがずっとゆっくり取り組んでいました．後半にはスピード

が上がりましたが，毎回速くできるわけでもありません．

● とにかく「わからん，見えない」が続き，YやWが2〜3個しか見つかりません．TVなど文字が2つになっても，2個しか見つかりません．しかし，TEAなど意味のある単語になると急に速くなりました．

● 見つけ方のルールの把握に時間がかかりました．Wと同じものを探すとき小さいサイズも含めて探していました．

● ルールがわからない生徒もいました．1枚目でやり方を教えてもらうと2枚目はすらすらできることもありますが，安定して伸びていく様子ではありません．

**「英単語かぞえ」**

12枚に取り組みました．BIRDなど単語を探す間は比較的容易に順調に取り組むことができました．しかし，DAYの左隣に色を表す単語がある場合は数えない条件になると急に難しくなった様子でした．色を表すスペルがわからないと解けないことになります．

**「最初とポン」「最後とポン」**

難しい様子だったので少しやっただけで中止しました．

**「心で回転」「スタンプ英単語」**

単語のスペルを知っている生徒は容易に素早く見つけられました．図として回転してみようとすると難しい生徒が複数いたので，いったん中止しました．

## 3．1・2年生希望者「LD等通級による指導」での取り組み

2019年度（令和元年度）から「LD等通級による指導」を開始し，1年生「生活基礎」，2年生「生活活用」として実施しています．始業前の1時間を設定し週に1回実施しています．コミュニケーションや対人関係に

課題を感じている生徒，半身に麻痺がある生徒を対象に取り組んでいます．コグトレは学習時間のなかで「個別トレーニング」として，個々が選択して取り組んでいます．一例を紹介します．

全体で自己理解やコミュニケーションの課題に取り組んでいますが，個別トレーニングでは左手で文字を書くこと，見て考えて記入することに取り組んでいます．見え方にも困りがあるため，A4の紙面であっても全体を見渡して把握しバランスをとって記入することが苦手です．COGETの「記号さがし」を使い，左から右へ指示どおりにチェックを記入しつつ数えていきます．全体を見るより視点が定まりやすく集中できています．時間を計測し少しずつ早く正確にできるよう取り組んでいます．

英語コグトレの「ちがいはどこ？」「順位決定戦」「物語作り」にも取り組みましたが，苦労しています．見るポイントや考える順番をアドバイスしながら進めています．目標をもってスモールステップで継続することが大切です．

## 今後に向けて

高校の教育課程のなかでCOGETをどう使っていくかを考えるとき，次の3つが考えられます．

① さまざまな学習場面に応じて導入として使用する．

② 教科学習の底上げとして取り組む．全体や個別での取り組みが考えられる．

③ 個別の課題に応じて取り組む．「通級による指導」の時間や個別に設定した時間が考えられる．

いずれにしても，生徒が興味をもち意欲をもって取り組むことが大切です．個別に取り組むことで効果が期待できる生徒は複数いますが，特別な時間に一人で臨むことは望んでいません．

「通級による指導」の時間であれば，生徒・保護者の希望があって受講しているので，十分に取り組めます．生徒自身の課題や目標に合う場合には，じっくりと取り組むことができます．

今後も，生徒たちの学力向上やモチベーションを維持するためにCOGETを活用し，少しでも生徒たちの支えとなれることを願っています．

### 文献

1）宮口幸治，正頭英和：1日5分！教室でできる英語コグトレ．東洋館出版社，2020．

# 高等支援学校における
# 自立活動でのコグトレの取り組み

藤井　隆 ● 大阪府立たまがわ高等支援学校

## 本校の特徴

　大阪府立たまがわ高等支援学校は，2006（平成18）年に大阪府の東大阪市に開校した，知的障がいのある生徒が通う高等部のみの支援学校です．「就労を通した潤いのある社会的自立」を目標にかかげ，職業学科を設置し，職業教育を中心とした教育課程を編成しています．1学年64名定員とする入学者選抜を行っている高等支援学校です．また，スクールバスによる通学ではなく，生徒全員が電車や徒歩，自転車などで自主通学をしていることも本校の特徴の一つです．

## 自立活動

　自立活動は，特別支援学校，特別支援学級，通級による指導の教育課程において設けられた指導領域です．障がいのある児童生徒は障がいによって日常生活場面や学習場面でさまざまなつまずきや困難が生じます．そのため，各教科などに加えて，自立活動の指導が必要となります．本校では朝の15分と帰りの30分を「自立活動の時間」として授業設定し，個々の生徒に応じた取り組みを行っています．

　自立活動の目標は「個々の生徒が自立を目指し，障害による学習上又は生活上の困難を主体的に改善・克服するために必要な知識，技能，態度及び習慣を養い，もって心身の調和的発達の基盤を培う」（文部科学省，2019年）と定められています[1]．

　知的障がいのある生徒たちにとって，学習上の困難の根底には，認知機能の弱さがあると考えられます．COGETでも「見る力」「聞く力」「集中する力」「注意力」「短期的な記憶力」の重要性が述べられていますが，本校の生徒にも「板書を正確に写すことができない」「先生の説明や連絡が聞き取れない」「集中力が続かない」「プリントを注意して見ていない」などの課題がみられます．

　本校の生徒の授業の様子からも，改めて，この5つの力は学習に不可欠な力だと思われます．一人ひとりによって凸凹はありますが，全体的には，この5つの力が不足していることによって，学習上のつまずきが生じていると考えられます．

　また，「見る力」「聞く力」「集中する力」「注意力」「短期的な記憶力」が極端に低いと生活上の困難も生じることになります．友人関係のトラブルや問題行動が起こった後に生徒から話を聞くと，その原因が聞き間違いや勘違いなど，認知面のずれにあることが多く見受けられます．自分自身の行動が相手に及ぼす影響，「自分がこういうことを

したら，相手はどう思うだろう？」という想像をする力が弱いために，友人との間に何度も同じようなトラブルを起こしてしまうケースもみられます．

以上のことから，本校の生徒たちが学習上の困難や生活上の困難を改善するために，コグトレのCOGOTは有効なのではないかと考えるようになり，本校の自立活動の教材として用いることにしました．

## 自立活動でのコグトレの取り組み

### 1．コグトレを実施するようになった経緯

X−6年に本校の教員が参加した研修でコグトレが紹介されていたのをきっかけに，本校でもコグトレを自立活動の教材として用いるようになり，それから徐々に朝や帰りの「自立活動の時間」にコグトレを取り入れるクラスが増えていきました．

### 2．自立活動のアセスメントとしてのコグトレ

自立活動には，アセスメントが不可欠なのですが，簡易にできるアセスメント方法を見つけられずにいました．そんなときにコグトレの研修会を受講し，その際に紹介されていた5種類のコグトレのシートを使ってアセスメントすることにしました．X年度，まず試行的に各学年2クラスずつ抽出して実施しました．なお，本校ではコグトレを使ったアセスメントのことを，「自立活動のコグトレを用いたアセスメント」（以下，「アセスメント」）とよんでいます．学年の初めに「アセスメント」（トレーニング前．以下，「前」）を行い，その後，1年間を通して日々の「自立活動の時間」で集団プログラムに取り組み，学年の終わりに，再度「アセスメント」（トレーニング後．以下，「後」）を行って，トレーニング前後の変化を検証しました．

実施結果は後ほど詳しく述べますが，「アセスメント」（前）と「アセスメント」（後）で生徒の数値が向上していたので，翌年から学校全体で取り組むことになりました．

### 3．「アセスメント」（前）

「アセスメント」（前）は4月のLHR（ロングホームルーム，1時限45分）の時間に，行いました．クラスによって説明や提示方法に差が生じないよう，教員用のマニュアルを作成しました．マニュアルのポイントは，教師があまり説明しすぎないという点です．説明しすぎると，教える効果が出て，生徒の力が正しく測れない可能性があります．そのため，マニュアルには必要な指示のみ記載しました．それぞれのシートには一定の基準点を設け，その基準点を下回った場合，そこに生徒の苦手な部分があると考えました．基準点の妥当性に関しては今後検討が必要なところです．

### 4．集団プログラム

集団プログラムは「自立活動の時間」に週2回ずつ行いました．1年間を3つのクールに分けて行います．時間の目安は1回5分くらいとしています．以下に集団プログラムの例を紹介します．

**期間**：X年6月下旬〜X＋1年2月中旬までの計23週．
- 第1クール：6月下旬〜10月初旬，10週．
- 第2クール：10月中旬〜12月下旬，8週．
- 第3クール：1月中旬〜2月中旬，5週．

**内容**：週2回（一例）．
- 第1クール　火曜日：「最初とポン」．
　　　　　　　金曜日：「記号さがし」．
- 第2クール　火曜日：「何が一番」．
　　　　　　　金曜日：「記号さがし」．
- 第3クール　火曜日：「心で回転」．
　　　　　　　金曜日：「あいう算」．

**表1 ● 集団プログラム（たまがわ高等支援学校版）**

| | | 学年 | 高1 | 高2 | 高3 | 備考 |
|---|---|---|---|---|---|---|
| | | 頻度/週 | 2 | 2 | 2 | 備考 |
| | | 合計(回) | 46 | 52 | 54 | |
| C O G E T | 「最初とポン」 | ① 1〜10 | 10 | | | ⑥〜⑩の5題 |
| | | ② 1〜10 | | 10 | | ⑥〜⑩の5題 |
| | | ③ 1〜10 | | | 10 | ⑥〜⑩の5題 |
| | 「何が一番?」 | ① 1〜10 | 8 | | | 3題で1セット |
| | | ② 1〜10 | | 8 | | 3題で1セット |
| | 「何が何番?」 | ① 1〜10 | | | 8 | 3題で1セット |
| | 「記号さがし」 | ① 1〜10 | 10 | | | |
| | | ② 1〜10 | 8 | | | |
| | | ③ 1〜10 | | 10 | | |
| | | ④ 1〜10 | | | 10 | |
| | 「あいう算」 | 1〜10 | 5 | | | |
| | 「さがし算」 | ① 1〜10 | | 8 | | |
| | | ② 1〜10 | | | 8 | |
| | 「順位決定戦」 | ① 1〜10 | | 8 | | |
| | | ② 1〜10 | | | 9 | |
| | 「心で回転」 | ① 1〜10 | 5 | | | |
| | | ② 1〜10 | | 8 | | |
| | 「物語つくり」 | 1〜10 | | | 9 | |

　生徒や担任の精神的な負担にならないよう，集団プログラムはできる範囲で行うということに留意しました．LHRの余った隙間の時間なども有効に活用しました．集団プログラムは，なるべく余裕をもって取り組めるように設定することが大事かと思います．

　**表1**に本校の集団プログラムの内容を示します．これは小中学校の集団プログラムを参考に，本校で独自に作成したものです．1年から3年までの系統性を重視し，学年が上がるごとに少しずつステップアップする（難易度が上がる）ように設定してあります．

　ただ，X年度に行った際には，一部の課題の正答率が50％を下回っており，本校の生徒には難度が高いと考えられたため，今後，集団プログラムの内容は，正答率や生徒の取り組みの様子を見ながら改定していく予定です．

　**表1**の中の数字は実施回数を表しています．数字が入っていない課題は，担任の判断でクラス全体で取り組んでもいいし，個別課題として宿題形式で取り組んでもいいようにしてあります．また，この標準コグトレが難しい生徒にはe-COGETの中に収録された難度を下げた課題を使用できるようにしました．

### 5.「アセスメント」（後）

　「アセスメント（後）」は2月中旬に行いました．「アセスメント（前）」と同様の5枚のシートを，1〜3年生ともLHRの時間で行いました．「アセスメント」の結果を生

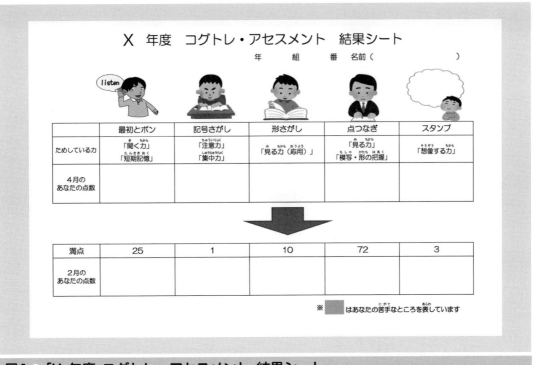

**図1 ●**「X 年度 コグトレ・アセスメント 結果シート」

徒へフィードバックするために，**図1**に示す「X年度 コグトレ・アセスメント 結果シート」を作成しました．

　このシートは，担任から生徒一人ひとりに手渡します．基準点を下回っている欄は背景が灰色になるように設定しています．課題名の上にイラストをつけて各課題がどんな力を測っているか，生徒がイメージしやすいように工夫してあります．これは支援学校における，視覚支援の一つです．

　また，支援教育では保護者との連携が不可欠なため，「自立活動通信」という保護者宛てのお便りのなかでコグトレを紹介し，生徒がどのような課題に取り組んでいるかお伝えして，情報共有に努めています．

## 今後の課題

### 1．分析結果

　ここではX-1年度のアセスメントを分析した結果を報告します．実施人数は1年生21名，2年生20名，3年生19名の計60名です．**表2**を見てください．基準点以下の群の7月と翌年2月の正答率を比較すると，いずれの課題も正答率が大きく向上していることがわかります．特に「最初とポン」は7月のクラス全体の正答率が25.3%に対して2月の正答率が57.7%，「記号さがし」については7月の正答率が0%に対して2月の正答率が35.3%と大きく上がっています．

　また，療育手帳を取得している生徒についてその区分[※1]ごとに見ると，A，B1区分の生徒は「最初とポン」「点つなぎ」「スタンプ」の伸びが顕著に表れています．「記号さがし」は注意・集中力が必要なため，その日の気分や体調などが影響しているのではないかと考えられます．B2区分の生徒は「最初とポン」が特に伸びています．あとの課題は伸びにくい，もしくは最初から

**表2 ● 分析結果**

| 課題 | 「最初とポン」 | 「記号さがし①」 | 「形さがし-4」 | 「点つなぎ③-1」 | 「スタンプ②」 |
|---|---|---|---|---|---|
| 満点 | 25 | 1 | 10 | 72 | 3 |
| 基準点 | 12点以下 | 0点 | 8点以下 | 60点以下 | 2点以下 |
| 7月時点 基準点以下人数 | 18 | 35 | 15 | 34 | 39 |
| 正答率%（7月） | 25.3 | 0.0 | 65.3 | 55.0 | 24.8 |
| 正答率%（2月） | 57.7 | 35.3 | 85.0 | 69.6 | 33.3 |

**障がい区分 A，B1**

| | 「最初とポン」 | 「記号さがし①」 | 「形さがし-4」 | 「点つなぎ③-1」 | 「スタンプ②」 |
|---|---|---|---|---|---|
| 正答率%（7月） | 54.2 | 22.2 | 80.0 | 47.8 | 33.3 |
| 正答率%（2月） | 69.3 | 11.1 | 88.8 | 63.4 | 55.6 |

**障がい区分 B2**

| | 「最初とポン」 | 「記号さがし①」 | 「形さがし-4」 | 「点つなぎ③-1」 | 「スタンプ②」 |
|---|---|---|---|---|---|
| 正答率%（7月） | 68.5 | 45.1 | 90.0 | 75.9 | 54.2 |
| 正答率%（2月） | 80.8 | 48.0 | 92.1 | 80.5 | 55.0 |

正答率が高い天井効果（「形さがし」など）のため，それ以上は伸びにくい結果となっていると思われます．

「最初とポン」以外の課題に関しては，今後，一度に行う問題数を増やす，あるいは集団プログラムの問題の難度を調整する必要がありそうです．

## 2．今後の課題

個別課題に関して，将来的にはアセスメントの点数や集団プログラムの点数などからフローチャートなどを用いて，生徒一人ひとりに合った課題設定ができるようにしていくのが理想と考えています．ただ，あまり"きっちり"とプログラム化し，柔軟性を欠いてしまうと，コグトレ本来の「生徒が楽しんでできる」という部分を損なうおそれもあるので，目的と意欲のバランスも大事にしながら本校にあった取り組み方を考えていきたいと思います．

## 3．まとめ

「アセスメント」などを使用し苦手な力や得意な力がわかり，少しずつ認知機能の弱い部分を改善していくというのがコグトレの第一義だと思います．

また，「アセスメント」の結果から判明した苦手な部分を，自立活動の目標を立てる際の参考にしたり，「個別の移行支援計画」[※2]に記載したりして，生徒が必要な支援や配慮を受けられるようにすることも，本校の「アセスメント」の役割であり，特徴かと思います．

最後に，本校の生徒たちにとって一番大切なことは，認知機能が高まることによって，「授業がわかりやすくなった」「友人とのトラブルが減った」など日常レベルでの変化が起こり，学校が楽しくなり，生活がしやすくなることだと思います．

これは私見ですが，昨年度の取り組みから，日常レベルでの変化が起こるには，「アセスメント」の点数がある程度の点数まで上がる必要があるのではないかと感じました．例えば，「点つなぎ」（72点満点）の点数が，10点から20点に上がっても，日常レベルですぐ実感できるほど大きな変化はあ

りませんでした．「アセスメント」の点数の変化に伴い比例的に変化が表れるのではなく，閾値※3のようなものがあり，その閾値を超えたときに日常レベルでの変化が感じられるのではないかと思います．閾値は生徒によっても異なるため，コツコツと時間をかけてトレーニングを行う必要があるかと思います．

本校では，生徒が楽しみながらコグトレを行い，コグトレでつけた力を日常の場面で発揮できるよう，今後も自立活動におけるコグトレの取り組みを続けていきたいと思います．

※1：知的障がいのある人に交付される療育手帳には障がいの程度によって，A（重度），B 1（中度），B 2（軽度）の区分があります．
（大阪府ホームページより）
※2：「個別の移行支援計画」とは，移行期，就労等にあたり，進路先と具体的な支援の方法等について情報共有し，スムーズに進路先へつなげるためのツールです．
※3：閾値とは，ある系に注目する反応を起こさせるとき必要な作用の大きさ・強度の最小値をいいます．

## 文献

1）文部科学省：特別支援学校高等部学習指導要領，平成 31 年 2 月告示．2019.

# 初めて教えるコグトレ
## ～実態把握から指導ポイントの気づき～

麻生川理詠 ● 大阪府立和泉支援学校

## はじめに

大阪府立和泉支援学校は，大阪府の南部，泉北地域にある知的障害特別支援学校で，2021（令和3）年1月現在，全校児童生徒数305名（小学部90名，中学部93名，高等部122名），教職員数155名の，比較的大規模な学校です．コグトレはこれまで，一部の教員が授業や自立活動の時間のなかで取り組んでいましたが，近年では，学年単位での取り組みがみられるようになり，コグトレの実施方法やその効果について，教員が情報共有しながら実施しています．

筆者はこれまで，大阪府の施策「大阪府支援教育地域支援整備事業」による地域支援の担当をしていた経緯から，泉北地域の幼保・小・中・高等学校からの支援教育に関する相談対応や，研修会講師などの業務に携わってきました．近年，地域でもコグトレのニーズが高まるなか，本校の高等部2年生でも自立活動でコグトレ指導が始まり，筆者も助言・推進役として参加することになりました．

本事例は，本校の高等部3年生16名を対象にした「実態把握をもとにしたコグトレの選定・実施」と，「初めてコグトレの担当になった教員への実施方法の提案とその成果の共有」について報告します．

## 取り組みに向けて

### 1. これまでの取り組み

本校は高等部2年生から，卒業後に向けた進路指導として，インターンシップ実習や福祉事業所実習を実施しています．当時高等部2年生であった生徒たちの実習事後での実習評価で，「普段の様子からは想定していなかった不器用さ」がみられたことが学年でコグトレを始めるきっかけでした．

最初に，筆者がコグトレ中級コースで学んだ内容を参考に設定した方法で，アセスメントを実施し，その結果をもとにCOGET，COGOTに取り組むことになりました．アセスメント結果をもとに一定の取り組みパターンを提案しましたが，2年時の取り組み方法は生徒の主体性を重視した方式が中心で，生徒がその日取り組みたい課題を自分で選んで行っていました．個の課題にスポットが当たりにくい側面があるため，生徒の学習効果に少し不安はありましたが，アセスメント2回目の結果では数値が上がっている生徒が多く，一定の効果はあったのではないかということを確認できました．

何より，これまで気づかなかった生徒の苦手な部分を発見する機会になったことは，コグトレに関心を深める教員が増えたこと

| 表1 ● 生徒への指導スケジュール |
| --- |
| ①アセスメントの実施（1回目） |
| ②「スゴイポイント」と「がんばれポイント」の確認 |
| ③課題別グループ設定とコグトレの実施（約5か月） |
| ④アセスメントの実施（2回目，4か月後） |
| ⑤「スゴイポイント」と「がんばれポイント」の更新・確認 |
| ⑥課題設定の見直し・コグトレの実施 |

| 表2 ● 教員のスキル水準の統一研修 |
| --- |
| ①コグトレの基本情報・アセスメント観察ポイント共有会議 |
| ②アセスメント評価会議 |
| ③アセスメント結果（1回目）・グループ課題の設定 |
| ④途中経過確認会議 |
| ⑤アセスメント結果（2回目）・グループ課題の見直し |

| 表3 ● アセスメント項目 | |
| --- | --- |
| 覚える | 最初とポン①-1 |
| 数える | 記号さがし①-1，②-1 |
| 写す | 点つなぎ①-2 |
| 見つける | 形さがし①-1 |
| 想像する | スタンプ①-3，①-9 |

**図1 ● アセスメント評価会議の様子**

へのきっかけの一つであったように感じます．

## 2．よりよいコグトレの実践に向けた教員研修とアセスメント

　高等部3年次では，より生徒の実態にあった課題設定とともに，コグトレの目的や成果が実感できる指導体制づくりを検討しました．対象は「卒業後の社会生活を送る際に，よりコグトレからの気づきや効果を期待したい生徒」とし，本人の参加意思を確認したうえで決定しました．担当者も増員し，よりていねいな指導ができる体制を設定しました．しかし，担当者の半数はコグトレの指導経験がほとんどなかったため，指導のポイントや助言方法を共有する必要がありました．そこで，COGET を中心とした「生徒への指導スケジュール」（**表1**）に合わせて，「教員のスキル水準の統一研修」（**表2**）を進めることにしました．

### ① アセスメント

　生徒の実態を把握するために，コグトレを用いた本校で定めたアセスメントを実施しました（**表3**）．担当教員には，アセスメントの際に把握すべき各課題のポイントを伝え，生徒たちの取り組みの様子をチェックしてもらいました．それらのチェックポイントを確認することを通して，今後，担当教員が自分で実施していく際の指導ポイントを理解してもらいたいという意図もありました．担当教員は細やかな視点で生徒の観察を行っていました．

### ② アセスメントの評価

　アセスメントの評価を共有するために「アセスメント評価会議」を行い，コグトレを評価する際の観点と，そこからみえてくる生徒の特性や課題の共有を図りました（**図1**）．

　その評価と進路実習や普段の学校生活からみえる課題を含め，生徒各々のコグトレ

### 表4 ● 各グループの課題・取り組み内容一覧

| グループ | アセスメント結果からみえる生徒の課題 | 取り組み内容 |
|---|---|---|
| A（4名） | 処理速度・社会性の向上 | 記号さがし，スタンプ（心で回転） |
| B（4名） | 処理速度・社会性の向上 | 記号さがし，スタンプ |
| C（3名） | 視覚情報の理解と応用，社会性の向上 | 点つなぎ，スタンプ（心で回転） |
| D（5名） | 視覚情報・処理能力の向上 | 点つなぎ，記号さがし |

実施課題を決定します．その課題別に4グループに分け，1グループにつき1名の教員が担当するよう設定しました（**表4**）．

生徒が行ったコグトレの結果をみて，課題や特性を見出すことは難しいことですが，特性が把握できると生徒への支援や指導の手立てがみえてきます．

実際に参加した教員は，「コグトレの結果から，子どもの課題や特性がこんなにもみえてくるのかと驚いた」「指導のポイントも明確になった．ほかの子どもにも活用できそうだ」などの感想がありました．

これらの取り組みは，「教員の指導力向上」にも有効だと実感しました．さらに，「アセスメント評価会議」のような場は，コグトレを学ぶ意欲のある教員の学びの場にも有効であると考え，呼びかけると，他学部の教員も参加し，学部を超えて広く情報を共有できる機会となりました．今後は，実施している教員同士で意見交換できる場も設定していきたいと思っています．

③ 生徒がアセスメント結果を理解するための「スゴイポイント・がんばれポイント」

アセスメント結果から把握できた特性を実生活にもリンクできるように「スゴイポイント・がんばれポイント」を，生徒一人ずつに伝えました（**図2**）．

自身の強みや弱みは当人は気づきにくいため，このシートを読んでもらい，これからのコグトレや生活に活かしてもらうこと

が目的です．シートはコグトレのファイルに貼り付けいつでも見られる状態にし，担当者も指導の際にシートをヒントに助言ができるようにしました．

## 取り組みの実際

### 1．各グループでの取り組みスタート

具体的なコグトレ課題と進め方については，各担当者と筆者とで打ち合わせをしていたので，どのグループもスムーズに進めることができました．それまで行っていたアセスメントなどは，筆者が中心に進めていましたが，教員がグループの担当になることで，自身の責任感や主体性が発揮され，どの教員も積極的に指導していたことが印象的でした．

しかし，「正答しない課題にどれくらいヒントを伝えてよいのか」「どのように伝えたら効果的なのか」など，一人で指導していくゆえの不安や迷いは多く感じたようで，その相談や具体的な指導方法を一緒に考えていくことにも努めました．

同じグループでも生徒によって進度や理解度に違いがあるため，一律の説明では足りない場合も出てきます．個別の対応もしつつグループ展開もあり…と，担当者には難しいと感じる場面もあったと思いますが，取り組み自体のシステム化を図ったり，個別対応の生徒ができる形を独自に発案したりと，教員それぞれが工夫を凝らしていま

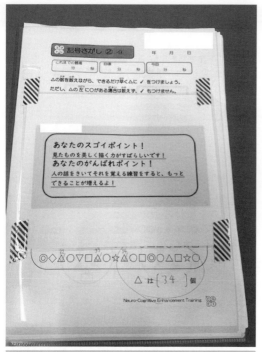

**図2 ● スゴイポイントの例**

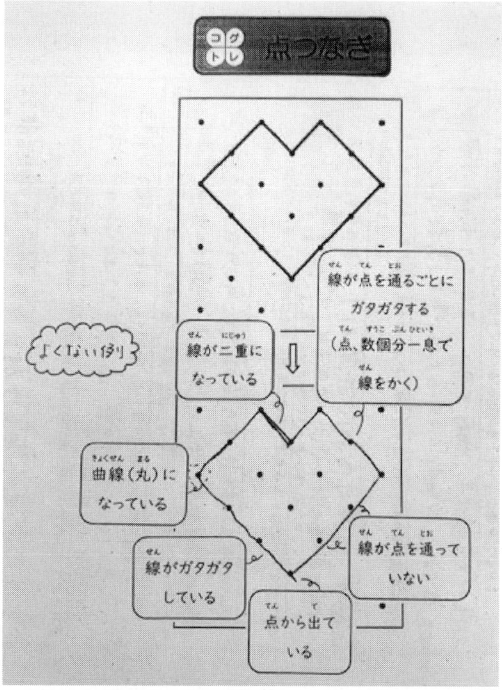

**図3 ● 教員の工夫の例**

した（**図3**）．

## 2．アセスメント（2回目）とその後の様子

　2回目のアセスメントは1回目から約4か月後に実施しました．グループごとの課題に焦点をあてた取り組みをしていたことの成果なのか，16人全員に向上がみられました．その成果を反映した「スゴイポイント・がんばれポイント」を作成し，各担当者と生徒で，改めて学習の成果や自分の強み・弱みの確認をしました．

　高等部3年次でコグトレを始めて約8か月が経過しましたが，担当教員の主体性と生徒の意欲は大きく向上したと感じています．主体性と一言でいってもそう簡単にもてるものではありません．特に，コグトレに初めて関わる教員は，各ワークの目的や効果を理解することも難しかったと思いますが，生徒の集中力や意欲は日に日に変化がみられました．

　筆者は見守り程度の参加で，各担当教員にお任せする形で取り組みを続けています．

　ここで，この段階におけるコグトレ指導の成果の一例を示します．**図4**は**表4**のDグループの生徒Aの「点つなぎ」の変化です．7月は全体の形を捉えること自体が難しかったのですが，4か月後の11月では，大枠は捉えることができています．また，焦らずていねいに取り組めるようになったので，間違いに気づきやすくていねいな運筆ができています．このように，さまざまな取り組みを重ねていくなかで，「集中力」「焦らずゆっくりていねいに取り組む」点について向上がみられました．学校生活においても，時間割表を見て自分で行動できるように促してもなかなか定着しなかったものが，最近では自分で見て行動し，今までは気がつかなかった変化にも気づいて質問できるようになってきました．すべてがコグ

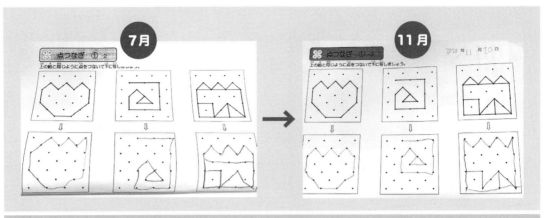

**図4 ● 「点つなぎ」の変化の一例**

トレの効果とはいえないかもしれませんが，これまでの継続した取り組みが，「注意して見る力」を強化したことの一助になっているのではと感じています．

## 教員がこれからも取り組みを続けるために

これまでの取り組みを振り返り，担当教員に感想を聞きました．

「スゴイポイント・がんばれポイント」の効果については，「生徒の強みや弱みがわかり，指導へ活かすことができた」「生徒の励み・意欲につながっていた」などの意見がありました．"生徒に変化はみられましたか"については，「集中力の継続時間が伸びた」「ほとんどの生徒が意欲的に取り組めた」「正答することへの喜びがみられ自信をもって取り組んでいる」などの意見がありました．

また，"他の学校生活にも変化はみられますか"との問いには，「短期記憶の向上」「授業中の話を聞くだけでなく覚えようと意識しているように感じる」などの意見がありました．

教員自身の感想についても，「進め方や指導のポイントがずいぶん理解できた」「コグ

トレについて指導ポイントがわかってきた」など，一人で進めるプロセスが確立してきた様子がわかりました．しかし，「生徒への課題の提案や助言が適切であるかに自信がない」といった意見もありました．

### おわりに

今回の取り組みでは，教員のコグトレの目的理解と子どもへの指導方法の共有の必要性を感じ，初めて取り組む教員へ指導方法を伝えるため，さまざまな体制を検討・実施しました．

本校でも，コグトレへのニーズはどの学部でも聞かれるなか，「実態に応じた課題の提供」「指導助言のポイント」「社会生活へのつながり」を明らかにすることはとても重要なことであると改めて感じました．これらを理解して取り組むことで，子どもの認知機能の向上への期待とともに，進路先や卒業後に向けてよりよい社会生活につながることを見据えた指導ができてくるのだと思います．

コグトレは，簡易に認知機能へアプローチできるとても便利なツールです．子どもの実態把握や現時点での優先課題の選定の重要性や，また可能なかぎり子どもに自身

の課題やコグトレの目的とその効果を伝えることが，より意欲的かつ効果的な取り組みになるとわかりました．

今後も「コグトレからみえてきたことを指導や生活に活かす」ことの大切さを，より多くの教員に理解し共有してもらえるよう，取り組みを続けていきたいと思います．

# コグトレを通して
# 就労に必要な力をつける

井上富美子 ● 広島市立広島特別支援学校

## 外部専門機関との連携と
## コグトレの導入

　筆者の勤務する広島市立広島特別支援学校は，広島市の海の玄関の広島港から歩いて15分の南区出島にあります．校舎南側の教室からは瀬戸内海に浮かぶ島々が見えます．本校は知的障害を有する児童生徒が通う学校です．広島市立唯一の特別支援学校であることも関係して，小学部から高等部まで児童生徒数は541人（2020年（令和2年）5月1日現在）と，全国一になっています．

　高等部には普通科と普通科職業コースがあり，筆者は2020年度（令和2年度）現在，高等部普通科第3学年で，一般企業を進路先として目指す生徒8名が在籍する一学級を担任しています．この学級を1年生から3年生まで担任し，これまで8名全員が企業就職を目標として日々就労に向けた学習を重ね，さまざまな活動に取り組んできました．

　本校では外部の専門機関との連携として複数の理学療法士および作業療法士がほぼ毎日来校し，日常的に授業を観察して，専門的な立場からアドバイスを受けています．両療法士と担任が児童生徒個別のケースに関わって，共同で課題や改善策を見出し，適切な支援方法を考えながら，児童生徒一人ひとりのニーズに応じたスムーズな学習や充実した学校生活につなげていこうとしています．

　理学療法士は4名，作業療法士は7名（2021年（令和3年）1月現在）で作業療法士のなかにはコグトレの開発者の一人である広島大学大学院の宮口英樹教授がいます．作業療法士として本校児童生徒の観察とアドバイスを受けるだけでなく，これまで二度にわたり，「ビジョントレーニング」と「コグトレ」について講演をしていただき，全教員が研修しました．「学習の土台を作る力とは何か，学習の前段階で何が有効で必要なのか」という話は画期的で，貴重なメソッドを共有できる機会でもありました．

　このように，本校ではコグトレについての情報が身近にあり，直接専門家に質問したりアドバイスを受けたりしながら，連携支援のもとで授業にも導入できるといった環境にあります．

　筆者も作業療法士の先生方に相談とアドバイスをいただいたりコグトレを自身の授業に導入しました．COGOTについてはすでに生徒が1年生のときから始めており，2年生になってCOGETも加えて，学習の土台となる基礎的な力をつけながら，就労とい

う最終目標に向けて特に必要な力をつける
ためにCOGET，COGOTを継続してきまし
た．本稿において，自らが行ってきたコグ
トレを通して就労に必要な力をつけるため
の実践について紹介いたします．

## 「聞く力」をつけるために

　ここ5年間の本校高等部生徒の卒業後の
進路状況をみると，学年の3割から4割程
度が一般企業に障害者雇用の枠で就職して
います．筆者が受けもっている8名の生徒
も1年生のときから全員一般企業を目指し
ていました．1年生の終わりに自分の希望
職種を決めて，2年生では職場体験実習を行
います．学校から外に出て一般社会で働く
わけですから，当然，課題もいくつか出て
きます．実習後，出てきた課題を整理して
改善策を検討したうえで，必要な力をつけ
て次の実習へとつなげます．

　筆者が最初に実習の引率をして「何とか
しなければいけない」と思ったのは，生徒
の「聞き取る力」の弱さについてです．

　ほとんどの職場で，上司や担当者からの指
示や連絡は音声言語でなされます．忙しい
職場のなかで，瞬時に指示を聞き取り，指
示通りに行動することが求められます．ま
た，接客がある職場であれば，客の突然の
質問に答え，自分がわからないときには上
司や担当者に取り次がなければいけないな
どの対応が毎日必要です．しかし，引率し
ている職場体験実習の現場において「簡単
な指示でも聞き逃してしまう」あるいは「聞
いたことをすぐに忘れて戸惑ってしまう」
といった場面に出くわしました．必要に応
じてメモを取らせてもらえるのですが，指
示を出す側にとって簡単な指示の場合，や
はりその場で聞いて覚えてすぐに行動する

ことを求められることがあります．学校で
あれば音声言語が苦手な場合には，まず視
覚支援をするでしょう．しかし，企業の職
場では状況が違いますし，音声言語でのス
ピーディなやりとりが必要な場合もありま
す．聞き取る力，聞いた内容を保持できる
力をつけたい，今持っている力をもっと高
めたいと思いました．

### 1.「最初とポン」「最後とポン」の導入

　ちょうど，学級観察支援の予約が取れて
いた宮口英樹先生にこの件を相談すると，
「最初とポン」「最後とポン」の導入を勧め
られました．1年生のときから，COGETの
他のプリント問題は取り入れていましたが，
この聴覚ワーキングメモリをつける問題は
「読み上げ方」や「読み上げるスピード」に
ついて，きちんと確認したうえで取り組も
うと思っていたこともあって省いていまし
た．アドバイスを受けて，2年の1学期末ご
ろ導入し，継続的に取り組みました．

　最初は『1日5分！教室で使えるコグト
レ』[1)]に収録されていた「最初とポン」「最
後とポン」のシートを使いました．1問に
つき3文ある（全3問）のを1文ずつに短
くし9問にして出しました．さまざまな行
事の取り組み，授業計画があるため，毎日
は取り組めませんでしたが，ホームルーム
や朝の学習時間などを使って継続しました．
最初2問から3問しか正確に聞き取れなかっ
た生徒も，3か月くらい経つと8問から9問
正解するようになりました．

　この問題は最初と最後の言葉を覚えるだ
けでなく，途中で果物や動物の名前が出て
きたら手を叩くといった干渉課題が組み込
まれており，聞くときに集中力をさらに高
める工夫がされていますが，その効果を目
の当たりにしました．果物や動物の名前が

出たら即座に手を叩こうと身構える生徒の意欲に圧倒されました．一つのことに全員が集中して教室は一体感に包まれたように感じました．

テキストにない独自の問題も作りました．動物や果物，人の名前などを5つ言った後に「2番目」などと番号を言って2番目に言った単語を解答用紙に書かせます．これを10問出します．

解答用紙には毎回点数をつけて返します．すると，全問正解に向けて一生懸命頑張る生徒の姿がみられました．努力して伸びる内容である場合，点をつけて返すのは有効で，励みになると思います．無理なく続けられるよう，少し頑張ればできるレベルになるように配慮しています．みんな満点に近い得点を取れるようになると達成感や満足感を感じていたようです．子どもたちが自信をもっていることを実感できました．とにかくみんな前向きなのです．しばらくすると「簡単にできるから，もっと難しいのを出してほしい」などの声が出始めたので，文章を長くしたり，早く読み上げるなどして問題のレベルを徐々に高めていきました．テキストもCOGETを合わせて使い，「何が一番？」「何が何番？」の問題もつけ足しました．

## 2．自作の問題でトレーニング

その後，就労してから実際に使えそうな応用問題を何種類か筆者のほうで作成して出し，2年生の3学期頃から3年生にかけて集中的に取り組みました．どのような応用問題かというと，例えば，職場でありそうな上司の指示を作って読み上げるのです．「1問目．今日の午前は玄関の清掃をしてください．午後は2階フロアの清掃をお願いします……」と職場でのさまざまなシチュエーションを想定して作成した5問を読み上げ，生徒はメモを取りながら聞き取り，後でどのような指示だったか発表します．この応用問題を毎回「最初とポン」の後に出します．このほかにもオリジナルでいろいろ考えて読み上げ問題を作り，聞き取らせるようにしました．

教師が話し始めたら聞くことに集中する，職場で「教師」が「上司」に変わっても同じように聞くようになることを目標とした練習です．トレーニングに取り組むとき教室は水を打ったように静かになります．教師の口からどんな言葉が出てくるのか，正確に聞き取ろうと全集中力を傾けているのがわかります．生徒の「聞く力を高めて希望の職種に就きたい」と願う気持ち，真剣さがダイレクトに伝わってきます．職場で上司が指示を出し始めたら，コグトレで練習してきたこの力を使って集中して聞いてほしいと願っています．

実際に3年生での実習では，担当者から「指示をよく聞いている」「自主的に質問できるようになってきた」などと以前にはなかった高評価を得る生徒も出るようになりました．就労後も職場で努力してきた成果が発揮されることを願いながら取り組み続けています．

# COGOTで
# ボディイメージを高める

「聞く力」を高める取り組みの後でCOGOTも導入しました．2019年（令和元年）8月下旬，広島市内で開催された「コグトレ・トレーナー養成ワークショップ初級コース」に筆者は職場の同僚と参加しました．受講して「これを授業に取り入れたら生徒のボディイメージやバランス感覚が向上するだ

ろう．身体が思うように動くことで学校生活も質的に向上するのではないか」「操作する力の向上でスムーズな作業学習にもつながる」「職場で働くために必要な力をつけるのに役立つのではないか」といった期待感をもちました．さっそくワークショップで学んだことを授業に生かしてみようと，2学期が始まってすぐコグトレ棒を生徒と作り，取り組んでみました．ホームルームや雨天時の朝，「体力づくり」の時間に取り入れました．

## 1．コグトレ棒で体力づくり

　おそらく幼い頃夢中になったであろう棒遊びの要素が取り入れられていることも生徒の興味や関心をひいて，「おもしろい！」と言って積極的にバランス棒やキャッチ棒などに取り組む様子がみられました．ゲーム感覚で行えるブロック積みも生徒に人気でした．チームで作戦を立てながら進めることがコミュニケーション力アップにもなっているようです．

　身体を使って何かをすることが不得意な生徒は，身体を動かすことにしんどさや困難さを感じているわけですから，興味や関心をもって楽しく取り組めることが続けるうえで重要だと思います．筆者はコグトレ・トレーナー養成ワークショップの中級コースを受けて，理論的なものも含め，理解を深めることができました．全国から受講に集まる人々の多さに驚き，コグトレがいかに注目されているのかを知りました．

　生徒が3年生になっても取り組みを継続していきました．毎回コグトレ棒を使って基本的な柔軟体操や身体への意識づけの課題を行ってから協調運動を向上させる課題へと進めます．「自分の身体を意識することがボディイメージの形成につながる」と宮

口英樹先生は述べておられます．高等部2年生後半から始めた短期間の取り組みで生徒の身体機能が目覚ましく変化したわけではありませんが，少なくとも自分の身体を意識するようになり，先ほどのお話と重なりました．トレーニングの最中，自分の動作や身体の動かし方などを生徒同士が話題にすることで会話が生まれていました．苦手なことを話したり，得意なことを話すことで，生徒同士で改善できるよう，工夫や努力する姿もみられるようになりました．それまで無意識に動かしていた自分の身体と改めて向き合って考え，意識して動かしてみる機会をもつことができただけでも価値あることだと考えています．

## 2．ボディイメージやバランス感覚を身につける

　生徒の就労先の職種は，清掃や製造，物流関係，事務などさまざまですが，どのような作業でもボディイメージやバランス感覚，力加減などの調整力が必要です．自分と物の関係性が捉えきれないと職場で事故になることも考えられます．例えば，建築現場で柱材を肩に担いで安全に移動するには，柱材が人に当たらないように，その柱が自分の担いだ肩の後ろに何十センチ伸びているか，自分の見えないところまでイメージし，意識して動かなければなりません．高等部3年間を通して，さまざまな学習の積み重ねで就労できるまでの力を獲得していくわけですが，早くからCOGOTを補助的に取り入れることで，ボディイメージを高め，作業能力の向上を促すのではないかと思います．

　認知的な視点からみて生徒に何が必要か考え，COGOTによって，楽しみながらもっている力を最大限に引き出すやり方は，大

変効果的ではないでしょうか.

## 本校全体で使える COGOT 動画教材作成の取り組み

　2020年度（令和2年度），4月に授業が始まるや否や，新型コロナウイルスの影響で学校が休業になってしまいました．その後，本格的に再開したのが6月半ばでした．休業中，自宅待機の生徒のために本校では何人もの教師がさまざまな学習教材を作りました．インターネットを利用して教材としての動画も作成し配信されるなかで，筆者の所属する地域支援部（分掌部）の教師が主体となって，COGOT を参考にして，児童生徒が自宅でボディイメージやバランス感覚を高められる体操の動画教材を作成，配信しました．学校再開後，秋頃からは作業療法士の先生から助言をいただきながら，本校の授業で利用できる COGOT の新しい動画教材も作成しました．児童生徒の実態が合えば，積極的にコグトレを体験してもらおうという目的です．すでに本校の小学部，中学部でいくつかの学級が動画教材を活用し導入を試みています．テレビ画面に出てくる教師の模範を見ながら音楽に合わせて棒体操などに取り組みます．これからも引き続き児童生徒の実態に応じた新たな教材を作り，校内に広めていく計画です．

### おわりに

　生徒の就労後をイメージして，「必要な力を今つけておきたい」という気持ちからコグトレを導入し，さまざまな取り組みを展開してきました．認知機能の高まりは結果的に QOL の向上にもつながっていくのではないかと思います．職場実習の現場においてだけでなく，普段の学校生活のほかの場面でもポジティブな変化がみられるようになりました．まず，コグトレの時間以外でも授業中は教師が話し出すと静まり，集中して聞くようになりました．人の話をよく聞いて情報をキャッチしています．

　聞く力は話す力につながります．人前で発言するのが苦手だった生徒が堂々と大勢の前で発表できたり，積極的に質問できたりして，意欲的になる姿もみられました．休憩時間には楽しく生徒同士が自分の趣味などについて語り合いながら，会話も弾むようになりました．SST の効果もあると思いますが，以前と比べると人との距離感について意識して，上手にコミュニケーションをとろうとしている様子が伺えます．

　8名の生徒は皆，それぞれ希望どおりの就職先を見つけることができました．一人ひとりの努力の成果が実ったということです．卒業後，新たな環境で新たな課題にも直面するかもしれませんが，これまでコグトレで培ってきた力を使って乗り越えてほしいと思います．

### 文献

1）宮口幸治：1日5分！教室で使えるコグトレ　困っている子どもを支援する認知トレーニング122．東洋館出版社，2016.

第**2**章

# 福祉

障害児通所施設
児童自立支援施設
児童養護施設

# 「コグトレ」の応用事例と子どもたちの声

浦野典子 ● 障がい児等通所支援施設 CURE GARDEN 結家

## はじめに

「お友だちのつくりかたがわからない」

このような悩みを抱えて結家に来る子がいます．どれだけ保護者，支援者が環境を整えても自分で一歩を踏み出さないと進まないことがあります．しかし，声をかけるタイミング，ドッヂボールやトランプのルール，ハイタッチの意味，遊ぶ約束の仕方等々，どれも特性や不安を抱える子どもたちにはハードルが高いことばかりです．小グループでいろんなプログラムを行うなかで，もう一歩子どもたちが目的をもって学べ，自信がつけられるものがないかと悩んでいたとき「コグトレ」に出会いました．まずはスタッフが学び，集中できる環境と楽しめる工夫を考えました．コツコツ続けてきた子どもたちには仲間ができました．

今回は「コグトレ」を楽しむ工夫と自ら成長できたと感じている子どもたちの声を紹介します．

## 結家の紹介

CURE GARDEN 結家は長野県安曇野市にあります．発達障害や心のケアを必要とする子どもたちとその保護者，兄弟の子育て，教育に関わる方々のサポートをしていきたいと考え，2010 年（平成 22 年）にオープン

しました．対象となる児童は次のとおりです．

● 自閉スペクトラム症（ASD）
● 注意欠如・多動症（ADHD）
● 学習障害

　など発達障害の診断のある児童

結家に来るだけで，多様な考え方や生活習慣が身につくように，また自分から動けるよう視覚的にわかりやすい環境づくりに力を入れています．子どもたちの力が最大限発揮できるよう寄り添い，自分スタイルの自立を目指し，長期的に支援をしていく施設です．

## 走って探すさがし算

### 1. 目的・狙い

結家で使用しているコグトレの課題はたくさんありますが，そのなかでも「さがし算」は計算課題にもかかわらずゲーム感覚で楽しめる人気のシートです．机に向かっての「さがし算」もいいですが，せっかくなら開放感のある場所で身体を使い，お友だちと一緒に楽しみながらできないかと考え，本プログラムを考えました．「さがし算」のプリントの正答率が上がってきたら行います．

### 2. プログラムの流れ

実際の流れは以下のとおりです．ペアや

**図1 ● 配置されたカードを探す子どもたち**
カードは割りばしにテープでつけています．結家ガーデンのラベンダーの株にさしていきます．数字は大きく見やすくしています．

**図2 ● 子どもたちが探してきたカード**
足して9になる問題の例です．

チーム制でやるとさらに盛り上がります．

① 子どもたちに数字のカードを並べてもらいます．

② 数字カードは0〜9とし，枚数はそれぞれ8枚ずつとします．

③ スタッフが「足して○○」と子どもたちに伝え，最初に子どもたちが指定された数字になるよう頭の中で計算します．計算タイムは子どもたちと相談して2〜3分程度で設定しています．答えは一つでない点にも注意を促しています（例えば，足して10なら1と9，2と8，3と7，4と6，5と5があるなど）．

④ スタッフの「よーいドン！」のかけ声で，子どもたちは各自2枚の数字カードを探しに行きます（**図1**）．

⑤ 2枚のカード見つけると戻ってきてスタッフと答え合わせをし，正解していたら次の数字カードを探しに行きます（**図2**）．

⑥ もうほかにないかみんなで確認します．

### 3．子どもたちの様子と効果

机に座ってプリントの「さがし算」をやるときと違って，実際に身体を使って数字カードを探しに行くので，数字が苦手な子どもでもお友だちと協力しながら楽しく探します．また，見つけたカードをうれしそうにスタッフに見せにきます．子どもたちの好きなプログラムの一つです．

このトレーニングを通して，提示された数字のペアを素早く暗算する計算力，事前にどの数字のペアを探すかを決めるといった計画力，数字を覚えておきながら探しに走る記憶力と瞬発力，実際にカードを探す視覚認知の力，ほかの子どもやほかのチームはどのカードを狙っているかといった想像力などが養われていくことが予想されます．

## COGETへの子どもたちの声

結家では，放課後等デイサービスクラスの子ども（小学生〜18歳）を対象に，「コグトレ」を行ってきました．そこで得られた結果や子どもたちの声などのケースを紹介します（いずれも本人と保護者の了解を得ています．子どもたちの声は直さずそのまま載せています）．

## 1．ケース①：中学1年，不登校歴有

### ① 基本情報

診断名：自閉スペクトラム症.

WISC−Ⅳ知能検査：全検査94.

コグトレ歴：COGET 1年.

### ② 感想

● 最初は「回転パズル」が難しく，たくさん間違って苦労していたけど，やっていくうちに慣れていき，コツをつかんで後のほうは正答率が上がっていきました.

● 「さがし算」や「あいう算」などの計算は最初から割とできていたけど，始めてからさらに暗算が早くなって正解することも増えました. 数学の問題で計算が出てきても，全問正解でうれしかったことがよくありました.

● 「最初とポン」で集中力が上がり，長時間の勉強にも前より耐えられるようになった気がします.

## 2．ケース②：中学1年（中学から養護学校）

### ① 基本情報

診断名：自閉スペクトラム症.

WISC−Ⅳ知能検査：全検査69.

コグトレ歴：COGET 4年.

### ② 感想

● 「まとめる」

　最初は簡単だったはずだったが，だんだん難しくなるし，最後の丸を数えるのが難しかった. 最初は問題の意味がわからなかったけど，やっているうちにわかるようになった.

● 「記号の変換」

　最初はけっこう間違えたりしたけど，だんだんわかるようになった. 矢印のところを見ながらやったらできるようになったこと.

## 3．ケース③：中学3年，不登校歴有

### ① 基本情報

診断名：広汎性発達障害（自閉スペクトラム症）.

WISC−Ⅲ知能検査：全検査100.

コグトレ歴：COGET 4年.

### ② 感想

● 「何が一番？」は初めのときは長い文の中から大事な部分を取り出してメモをすることができなかったけど，だんだん図を使ったりしながら，うまくメモをすることができるようになりました. 英語のリスニングテストでは長い英文の中から質問の答えを選んだりする問題がありますが，「何が一番？」でついた力が役に立っていると感じます.

● 「何があった？」は最初は単純な図形だったのでそのまま見て覚えていましたが，だんだん難しくなってきて覚え方を工夫するようになりました. 図形を覚えやすいように言葉にしてみたり，何かに当てはめてみたりしながら図形を覚えられるようになりました. 見たままではなく工夫して覚える力がつきました.

## 4．ケース④：中学3年，不登校歴有

### ① 基本情報

診断名：広汎性発達障害（自閉スペクトラム症）.

WISC−Ⅳ知能検査：全検査87.

コグトレ歴：COGET 4年.

### ② 感想

● 「さがし算」

　私は学校の授業のなかで数学が一番苦手なので，コグトレも「さがし算」が一番苦手でした. ですが，回数を重ねるにつれて最初の頃より早く解けるようになりました. また，計算力もつき学校の授業

でも数学が好きになりました.

●「何があった？」

私は暗記することが苦手でした. なので, テストでもあまり点数が上がらずテスト勉強もいくら勉強しても本番になると少し忘れてしまいました. ですが, 「何があった？」をやり始めると記憶力がよくなり, テストの点数が上がりました.

各教科の点数は上がったり下がったりですが, 総合点は上がり続けています. 高校に入学してもコグトレを続けていき, 点数を上げていきたいです.

## 5. ケース⑤：中学3年, 学習等不安

① 基本情報

診断名：広汎性発達障害（自閉スペクトラム症）.

WISC-Ⅳ知能検査：全検査82.

コグトレ歴：COGET 4年.

② 感想

● 自分は数学が苦手だったけど, 「さがし算」や「何が一番」, 最近だと見た形を暗記する「何があった？」が, 数学が関わってきて難しかった. でも自分ができそうな方法で解いたり, 見方を変えてみたりと自分なりの工夫をしていくうちにだんだんとスムーズに解けるようになった.

● 特に見た形を暗記するトレーニングは最初は自分ではすぐ理解したつもりでも, 形が本物とは違っていたり, ちょっとしたところが変わっていたりした. そこで自分は普段の生活でも周りに頼まれていたものをすぐ忘れてしまったり, 覚えておく必要があることで頭がいっぱいになってしまい, 整理できずに何か一つ忘れてしまっているということがよくあったなと自分の苦手な部分に気づくことができた. コグトレは勉強もそうだけど,

日々の一つひとつのことが正しくしっかり行えるようになるなと実感できた.

● 自分が忘れてしまいそうなことは, すぐにメモにとるように心がけ, たくさんの情報で頭が混乱してしまったときは, 一度ノートやメモ帳に全部書いて, どこから整理していくか一つずつ順番をつけて片付けていくようにしていたら, 日々多かった忘れ物が少なくなり, 自分が今するべきことを理解して行動に移せるようになったと思う.

## 6. ケース⑥：中学1年, 不登校歴有

① 基本情報

診断名：アスペルガー症候群（自閉スペクトラム症）.

WISC-Ⅳ知能検査：全検査88.

コグトレ歴：COGET 3年, COGOT 1年.

② 感想

●「最初とポン」「最後とポン」で前よりも一つのものごとに集中できるようになり, 人の話も聞けるようになってきた.

●「くるくる星座」が途中からすごく難しくなり自分でできず, Sさん（スタッフ）の力を借りてやっていた.

●「記号さがし」が大変だった.

●「まとめる」が得意.

●「鏡写し」がむずかしかった.

● 前よりも記憶力, 集中力が上がった.

## 7. ケース⑦：中学2年, いじめ被害有

① 基本情報

診断名：広汎性発達障害（自閉スペクトラム症）.

WISC-Ⅳ知能検査：全検査97.

コグトレ歴：COGET 4年, COGOT 1年.

② 感想

●「くるくる星座」

僕はこのコグトレは考え方をやわらかく

するものだと思います．なぜかというと
このコグトレをやる前の僕は考え方がか
たかったけど回数を重ねて，このコグト
レをしていくうちに考え方がやわらかく
なったと思うからです．

## 8．ケース⑧：中学3年，いじめ被害有

### 1 基本情報

診断名：自閉スペクトラム症．

WISC-Ⅳ知能検査：全検査102．

コグトレ歴：COGET 4年，COGOT 1年．

### 2 感想

● 「曲線つなぎ」は簡単そうに思えたが，実
はけっこう難しかった．二段目のなぞり
の取り組み方が大切だと思った．

● 「黒ぬり図形」「重なり図形」で工夫力がつ
いた．影に線を書き入れるなどの工夫を
した．

● 「スタンプ」「くるくる星座」「回転パズル」
で想像力がついた．けっこう頭を使った．

● 「最初とポン」「最後とポン」と「コグト
レ棒キャッチ（となりの人に投げながら，
反対側のとなりの人から受け取る）」は，
二つのことを同時にやる力のトレーニン
グだと思った．

● 「体幹トレーニング」「ストレッチ」「体の
部位チェック」「まねっこ体操」を通して
前より運動や自分の体に関心をもつこと
ができた．運動の楽しさ，日常動作（皿
洗いの手の動き，箸操作，歩き方など）
との関わりを知ることができた．これら
は人生の基になると感じた．

● 体操を通して精神の保養となり，息抜き
することの大切さを学んだ．

● コグトレでは繰り返し続けることの大切
さを学んだ．

## 9．ケース⑨：中学3年，不登校歴有

### 1 基本情報

診断名：自閉スペクトラム症．

WISC-Ⅳ知能検査：全検査92．

コグトレ歴：COGET 4年，COGOT 1年．

### 2 感想

● 数学のテストで単純な問題を間違えてニ
アミスが多かったけど，「さがし算」「あ
いう算」を行ったことで，一問ずつ確認
する習慣が身につき，テストでも正答率
が上がってよかった．

● 自分は図形を頭の中で想像して書くこと
が苦手だったけど，「曲線つなぎ」を行っ
たことで，頭の中で連想して手に書くこ
とがうまくできるようになって，特に丸
みをおびた図形を書くのが上手になって
よかった．

● 新聞の仮名文字さがしを行ったことで，
指でなぞって文字を読むようになったの
で，より文を正しく理解できるようになっ
て，筆者が何を伝えたいのか，何を求め
ているのかがわかるようになった．

● コグトレを4年間続けてきて集中力がすご
く増したし，授業中，物音も気にせず先
生の話を聞いて自己理解が高まったので，
やってて損がないです．

## 10．ケース⑩：高校1年，不登校歴有

### 1 基本情報

診断名：広汎性発達障害（自閉スペクトラ
ム症）．

WISC-Ⅳ知能検査：全検査107．

コグトレ歴：COGET 4年．

### 2 感想

● 一番多くやっているコグトレは「点つな
ぎ」か「最初とポン」「最後とポン」でしょ
うか？　コグトレは色んな種類があって
一人ひとり得意なコグトレ，苦手なコグ

トレが違います.

● 私の好きなコグトレは「さがし算」「点つなぎ」です.数学のような計算は,頭の使うのは好きではなくて,やろうともしなかったので,計算が苦手でした.でも,「さがし算」をやってみて計算を見る目が変わりました.楽しくできて,それでいて計算の力もつく,やっていてメリットしかないコグトレです.最初はめんどうくさくても,やっていけば全部違う面白さがあり,一つ終わった後の達成感,たった数分でも1時間くらい頑張ったような感じで,嫌ではない疲れが出ました.

● 私はコグトレをして集中力や普段使わない脳を使ってやわらかくいろんな思考が身につきました.

● 何回も続けることで成果が出せたと思う.生活に役立つ力を身につけることができるのがコグトレだと思う.

**おわりに**

結家でのコグトレの実践と子どもたちの声を中心にお伝えしました.振り返ってこれらを読むと一人ひとりのドラマがあり,胸が熱くなります.「学びたい子どもたち」「スタッフの努力と工夫」「見守る保護者」,そして「笑顔」があると安心して学べる環境が整うように思います.

**図3 ● おいしいさがし算**
①足して○○になる数と設定します.
②正解したら…「いただきます!」
③残ったクッキーで設定を変えます.
工夫しだいで楽しく・おいしく学べます.

COGETとCOGOTをバランスよく取り入れ,しっかり体を動かせるプログラムを考えていきたいと思います.また,子どもたちと一緒に作った数字クッキーで「おいしいさがし算」(**図3**)を考え,おやつでもコグトレを楽しくおいしく学べました.

結家の子どもたちの声が支援を必要とする子どもたちに届き,結家の実践が皆さまのコグトレの実践にもお役に立てればうれしく思います.

# 今ある支援に コグトレを取り入れる

山中博喜 ● 静岡県中央児童相談所（元・静岡県立三方原学園）

## 認知の歪みが引き起こす，対人関係の構図

児童自立支援施設は児童福祉法第44条に基づく児童福祉施設で，全国に58か所あります．入所対象児童は「不良行為をなし，又はなすおそれのある児童」および「家庭環境その他の環境上の理由により生活指導等を要する児童」となっており，昨今は発達障害などの障害を有する児童，被虐待によるトラウマを抱えている児童など，さまざまな課題をもつ児童が増加しています（全国児童自立支援施設協議会ホームページ）．

三方原学園（以下，学園）に入所する理由には，地域で非行行動（万引き，暴力などの法的逸脱行為）や対人関係でのトラブル（家庭だけでなく，学校など地域社会においても）がエスカレートしてしまい，その行動改善を目標に入所することが多いです．

しかし，入所児童の知的な能力を確認すると，いわゆる知能指数が境界域〜平均の下（IQ 70〜80台）の範疇にある子どもが多くを占めています．そして，対人関係では被害的な捉え方をしやすい（複数の要因があるにもかかわらず，一方的に責められた，自分だけが被ったと受け止めやすい）

子どもも多くいます．

ある日の食事後の食器洗いの場面でのことです．中学2年生の男子Aさんは「水をかけられた！」といきなり声を上げました．隣で洗っていた男子Bさんの驚きと戸惑いの様子を気に留めることなく，Aさんは大声で不満を話し続けます．制止した職員や見ていた周囲の子どもたちにもいらだちをぶつけます．Aさんの興奮はますますエスカレートし，部屋を飛び出してしまいました．状況を確認すると食器洗いの際，隣で洗っていたBさんの水が跳ねて，Aさんの顔にかかってしまったのでした．Bさんはわざとやったわけではなかったのですが，Aさんはわざとやられたと受けとめ，そのまま怒りがエスカレートしてしまったのです．個別面接で振り返ると，Aさんは「ニヤニヤしていたから，わざとだと思った」と言いました．そして，間に入った職員の言葉を「Bさんの味方になって一緒に責められた気がした」と答えました．Bさんの驚きや戸惑いによって困惑した表情と，なだめようとした職員の意図がそれぞれ違って捉えられていたのです．このように，指導者が関わった際，子どもは"自分は責められた"と受けとめることは少なくありません．

行動の結果に大人が注意や説諭を繰り返

| 大人⇒子ども | 悪循環 | 子ども⇒大人 |
|---|---|---|
| **分からず屋** | | **どうせ分からない** |
| 説諭と注意の繰り返し、不信、無力感 | | 責められる、隠す、嘘、無力感 |

**図1 ● 認知の歪みが起こす悪循環**

しても，子どもにはなかなか伝わらず「何を言ってもわからない」と不信や無力感が生じやすいのです．また，子どもは大人からの関わりを"責められる"と感じ，隠したり嘘をついたり，「何を言ってもわかってくれない」といった無力感が生じやすくなります．まるで**図1**のような「"分からず屋"と"どうせ分からない"の悪循環の構図」のようになります．背景の1つには出来事や状況などを歪んで受けとめている，"認知の歪み"から起こると考えられます．そして，対人関係の問題として，子どもと大人の双方に悪循環の関係性を引き起こしてしまうのです．

## 導入の経緯

宮口[1]は特別な配慮が必要な児童の特徴を「5点セット＋1」（①認知機能の弱さ，②感情統制の弱さ，③融通の利かなさ，④不適切な自己評価，⑤対人スキルの乏しさ，＋身体的不器用さ）とまとめ，学習面（COGET），身体面（COGOT），社会面（COGST）の3方面から支援するための包括的トレーニング（コグトレ）を開発しました．前述のAさんに限らず学園に入所している多くの子どもに当てはまります．認知機能が向上す

ることは学習や運動，日常生活以外に感情統制や対人スキルの向上に期待ができます．学園の従来の支援に加えて認知機能に焦点を当てたコグトレを取り入れることで，より多方面からの同時並行的支援が可能になると考えました．また，コグトレが認知機能をおおむね網羅しているだけでなく，子どもへの心理的負担が少なく，子どもの心を傷つけずにトレーニングを進めることが可能であることもメリットでした．

学園ではコグトレが機能的に展開するために直接支援（入所児童への支援）とそれを支える間接支援（組織への支援）の2つのアプローチで展開しています．本稿では学園でどんな支援を実施しているのか，どのように組織体制を進めてきたのかを紹介します．

## 直接支援（入所児童への支援）

学園には生活を通して成長，変化を促す枠組み（仕組み）がたくさん含まれています．例えば，1日の生活日課（スケジュール）のなかに，学習の時間，運動をする時間，余暇時間などがあります．また，心理療法担当職員との個別面接や家族面接などの個別支援もあります．それらの枠組みのなかでコグトレを実施する（組み込む）ようにしています．

### 1．学習日課・授業日課：COGET

寮の学習の時間では4分野（数える，写す，見つける，想像する）のワークシートを週に5日程度実施しています．入所児童にアセスメントをしたうえで，まずは職員がレベル別に分けたワークシートから選定しています．その後は児童と相談し，自分のレベルに合ったワークシートを選択して実施しています．また，学校（分校）では週に1

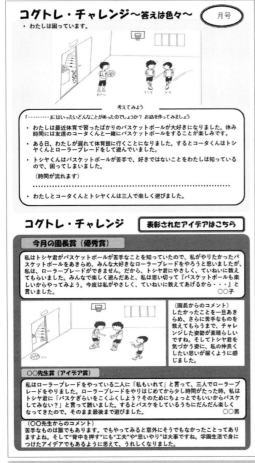

**図2 ● コグトレ・チャレンジ**

間に取り組んだ俳句，各種検定（漢字検定，珠算検定）の表彰などが掲載されます．そこで，新聞紙面を活用したアイデアが生まれました．

それは『コグトレ・チャレンジ』と題し，COGSTの種々のトレーニングから引用した課題もしくはオリジナル課題を毎月出し，1人につき2回答まで投稿することができるというものです．そして，投稿された回答のなかから毎月2〜3人の回答が新聞に掲載され，表彰されるのです．このオリジナル課題は学園での生活で起こりうるような場面や実際に日々接するなかで子どもたちが直面している悩みの場面などをもとにバラエティに富んだ課題を用意しています（**図2**）．

誌面を通した課題であり，事前発表された課題にじっくり時間をかけて考える子もいれば，2回答に収まらずにたくさん書いてどれを投稿するか悩む子もいます．アイデア勝負の斬新な投稿をする子もいたり，新聞に掲載された回答を楽しみにする子もいたり，その取り組み方もさまざまです．集まった回答からは，普段の生活ではみえてこない子どもの内面にある力を発見できます．

『コグトレ・チャレンジ』は課題に対して，子ども自身が主体的に，いろいろな方法やアイデアを考えることが大事だと考えています．いわゆる利口な解決ばかりにならないよう表彰の選定で留意しています．

回，終わりの会の時間に聴覚・視覚（「覚える」）のワークシートを実施しています．

### 2．運動日課：COGOT

運動日課の時間を利用して，COGOTの内容を複数の寮が合同で体育館などに集まり実施しています．現在は月に1回程度，1時間ほどの実施ですが，将来的には寮ごとの小グループで運動日課のなかで短時間メニューを頻繁に組み入れられる体制を目指しています．

### 3．余暇時間：COGST

学園で毎月発刊される学園新聞（園内だけでなく，保護者や関係機関に配布）があります．生活や季節の話題の記事，余暇時

### 4．個別面接：COGETとCOGSTの併用

個別面接はより子どもの特徴や対人関係の課題に合わせたワークシートを，じっくり扱うことができます．ていねいに回答を振り返ることを通して，自分の得手不得手に関心が向いたり，自分の変化や成長を自

ら発見したりして，自信をつける様子がみられます．COGST の課題では，初めは 1 つの視点しかないと思っていた子も，ほかの可能性を問いかけられることで，複数の視点が生まれることもしばしばです．出来事の受けとめ方を 1 つに決めつけていた自分に気づいたと振り返る様子がみられます．

### 5．家族面接：COGET と COGST の応用

退園後の生活を見据えた家族面接でコグトレを活用することがあります．親御さんにも一緒に COGET や COGST のワークシートに取り組んでもらったり，考えあったりします．一緒に取り組むことで，子どもの力や成長だけでなく，子どもが感じている困難さに気づき，今後の関わり方への理解が深まることがあります．ワークシートをそれぞれの家族の困りごとや目標を組み込んでアレンジした課題にして扱うこともあります．

## 間接支援（組織への支援）

子どもの暮らし（寮生活と学校生活）を 24 時間，多職種の職員（教員も含め）がそれぞれ互いに支援している環境にある施設でコグトレを支援展開するには，すべての職員が知っていることが大事になります．学園は 5 つの寮に配属された職員と心理職（筆者）など個別支援職員からなる組織体制です．そして，分校は小学部と中学部に所属する教員からなる組織体制です．同じものを全体として共有し，支援展開する難しさがあります．

このことは施設に限らず，学校や集団で支援する体制を有する組織なら共通する課題ではないでしょうか．浅井，山中[2]によると全国の児童自立支援施設でコグトレを活用しているのは 12 施設（28％）です．しかし，過去に活用したことがある施設は 7 施設（16％）との回答がありました．「指導職員の不足」「実施時間の不足」「児童の意欲不足」が活用を止めた理由です．また，活用を検討している施設（9 施設，21％）からは「実施や職員周知のための人的・時間的余裕のなさ」などの声が返ってきました（いずれも 2019 年 10 月時点）．これらは組織体制，継続的に支援展開することの難しさを表しているように思います．

学園では新しい取り組みを導入するために次のステップで進めました．「聞いたことがある段階」→「知る・体験する段階」→「理解し・方法を考える段階」→「実行する（支援）段階」です．

### ステップ 1：聞いたことがある段階

コグトレに出会い，研修を受け，施設支援において導入することが有用だということを，まずは上司に報告，理解を得ました．そして，職員全員がコグトレに出会うきっかけをつくることから始めました．施設は交替勤務であるがゆえ，全員が同時に研修を受けることは思うよりも大変です．そこで医療少年院でのコグトレ実践の様子や開発者の宮口幸治氏の解説が含まれた『NNN ドキュメント　障害プラス α ～自閉症スペクトラムと少年事件の間に～』（日本テレビ 2016 年 5 月放送）をそれぞれの時間のなかで視聴することから始めました．

### ステップ 2：知る・体験する段階

視聴と並行して，コグトレについて詳しく知るため，複数回に分けての園内研修を実施しました．複数回にすることで（ほぼ）全員が研修を受けることができました．また，実際に体験することで，その効果や狙い感じることができたという意見が聞かれました．「実際に体験してみることで難しさ

や面白さが実感できました」「誰でも楽しく，自分の考え方や見方を広げることができる方法だと思いました」など，これらは職員研修後の感想の一部です．

楽しみながらトレーニングをすることもコグトレの重要な要素です．自ら体験することはその効果や支援の狙いを理解することを助けてくれました．

### ステップ3：理解し・方法を考える段階

組織的な展開をするためにはそれぞれの生活支援を支える核となる小単位グループが必要です．学園でいえば，日々の生活を支えるのは5つの寮と分校です．それぞれから代表者が集まり，ワーキンググループ（以下，WG）をつくりました．

WGで大事にしていることは「気持ちの余裕と支援方法のアイデアをもって組織展開を図ること」です．新しいものを単に増やすということではなく，従来からあるさまざまな場面や時間を活用できる計画を考えています．コグトレの利点の1つには融通性があります．支援者のアイデア次第で今ある支援や行事に，コグトレのワークシートや考え方をミックスした支援が可能になります．そうした活動には自然と楽しさや新しい発見がみつかります．支援者もねらいを意識しながらも，楽しんで支援することを大事にしています．そのため，初めから"○○をどうするか"という発想ではなく，"どんな○○ができそうか"という視点で支援アイデアを集めました．アイデアのブレインストーミングを通して，どんなことをやりたいか，またやれそうか，どんなアイデアがありそうか，どんなことがやれると面白くなりそうかなど，幅広く，柔軟な発想で考えることで，活動の骨格をつくることができました．

### ステップ4：実行する（支援）段階

WG会議は月に1回開かれ，年間予定をもとに活動しています．WGでは主に以下のことについて活動し，直接支援が適切に展開され，適宜修正しながら持続できるようにしています．

1 支援内容，状況について共有，協議
2 職員研修（園内，派遣）の企画，実施
3 COGETのアセスメント実施，統計処理，個人ファイル作製，管理
4 COGOTの実施メニュー検討
5 COGSTの課題作成，表彰選定

## 変化していく子どもの姿

コグトレを導入して，子どもの姿はどんどん変化していきました．苦手であった分野の正答率があがったり，ミスや見逃しが減少したり，すぐにあきらめずに考えるようになったり，話に集中してよく聞くようになったり……挙げだすときりがないほどです．また，コグトレの時間を楽しみにし，トレーニング中も笑顔で取り組むなど，子どもが自分と向き合う姿勢や様子にも表れてきます．その結果，苦手な分野についての自己評価が実施前と実施後で大きく改善しました[2]．入所したときからIQ（知能指数）が20近く上昇した子どももいました．

そのような効果は子ども自身が一番感じているようで，コグトレの感想を求めるとこんな声が返ってきました．

●「考えるのが楽しい．簡単そうに見えて難しいなど発見があるし，自分の得意不得意がわかる」
●「以前できなかったことができるようになると楽しい，達成感がある」
●「集中力がついたので話をよく聞くことができ，すぐにあきらめることが減った」

- 「以前に比べ身体感覚が身についた」
- 「少しゆっくり，落ち着いてやろうって．速さがすべてではないと思った．数学でも正確さが上がった．コグトレをやって気づくことが増えた」
- 「人の冗談をそのまま受け取らなくなった．COGOTをやることで反射神経がよくなり，サッカーなど運動や遊びにも役に立っている」
- 「先を見通して計画を立てたり，相手の気持ちを考えたり想像する力が身についた」
- 「パターンをいくつか考えてから行動するようになった．今までパッと考えて行動していたけど，生活場面では"こう言うとこうなるだろうな"と考えたり，予想外の答えでも対応できるようになった．前は固まっていたけど，今は流したりできる」

## 支援者への効果

コグトレ導入の効果は子どもだけでなく，支援者にもみられます．コグトレ導入により，指導する職員にも柔軟な指導や児童理解の深まりなどの意識変化がみられ，若手職員にとっては指導に対する新しい視点をもつことで（心理的な）負担感の軽減が期待できます．また，児童の能力に合わせたより充実した支援を行うためのツールとしての活用もできるなど，支援者の意識にも効果がみられました[2]．

ある職員が子どもに問題行動の振り返りをしたときのこと．起きたことについて互いに共有した認識に至らずに困っていたとき，職員は，その子どもが「物語つくり」（COGETの「想像する」課題の1つ）が弱

いことを思い出し，手がかりになるポイントをていねいに伝えるようにしたようです．そうすると，子どもは自分は何に注意を受け，どこが改善のポイントになるのか自ら気がついたと教えてくれました．このように，子どもの行動に対して，子どもはどんな受けとめ方をしているのだろうか，どのような指導の仕方や関わり方が当の子どもにとって合うのだろうかと工夫をする際に組み込むことができます．

子どもの行動修正に目を向けすぎず，どんな認知の歪みが生じているのか，どんなヒントがよりよい方向に解決するのに役立つだろうかという視点で考えることができると，子どもの一方向的な捉え方を改善し，指導者の一方的な関わり方を修正することに役立ちます．このような積み重ねが，双方向的な関係性を育むことにつながります．コグトレの導入によって，子ども自身の成長のみならず，子どもと支援者間の「"分からず屋"と"どうせ分からない"の悪循環の構図」から脱却することも可能になるだろうと期待を寄せています．

＊本稿の執筆にあたっては鈴木宏弥氏（静岡県立三方原学園）の御協力をいただきました．ここに記して謝意を表します．

### 文献

1）宮口幸治：1日5分！教室で使えるコグトレ 困っている子どもを支援する認知トレーニング122．東洋館出版社，2016．
2）浅井眞由香，山中博喜：児童自立支援施設におけるコグトレの活用について．静岡県児童相談紀要 第51号，2021．

# コグトレにすがって自立支援

遠藤貴之 ● 兵庫県立明石学園

## はじめに

私がコグトレを導入してみようと思った契機は，「不良行為をなし，又はなすおそれのある児童」を入所させている児童自立支援施設がこの5，6年で，対象が非行少年から，何らかの問題行動を起こしている発達障害児童と診断された児童へと変化したことと関係があります．問題行動も，窃盗，傷害，放火，喫煙，飲酒，薬物，深夜徘徊，不純異性行為などから，今現在，私の寮で多いのは，わいせつ，窃盗，養護施設内不適応（暴力），ゲーム依存，暴力，人間関係トラブル，虐待です．問題行動の内容も，変化してきています．

療育手帳を保持している児童に，注意欠如・多動症（ADHD）で精神科に月に1回通院している児童が各寮4名程度在籍しており，学習障害といわれてきた児童もいます．そういう児童たちが，問題行動（暴力・窃盗・わいせつなど）を起こします．私たちは，基本的な生活支援や学習，クラブ指導，作業（畑での農作業・掃除）などを通じて将来の自立へとつながる責任感や，集中力，他者を思いやる気持ちを育み，最後までやりきることなど，家庭的な雰囲気のなかで育て直しをはかっています．

明石学園は，夫婦小舎制で交代勤務ではなく，朝起きて寝るまで，夫婦二人で関わります．日本では数少ない施設となります．愛情に鈍く，基本的信頼が結べていない子どもは職員に交代がないという点から，職員と入所者という関係以上のかけがえのない人間関係が築けることが利点です．しかし，濃厚な人間関係から問題点が明確化され，「なんとかしてやりたい．間に合わない，このままでは，再犯してしまうのではないか」と保護者に近い責任感や感情が生まれ，不安に感じることも多いです．そんななか，頭を抱えることが多い私たちはコグトレのことを知り，わらにもすがる思いで実施し始めました．

## 計画，実施

今現在，男子寮各9名の児童が私たち夫婦と生活をともにしています．小学生2名，中学生5名，高校生2名です．高校生はクラブ活動やアルバイトなどで時間がバラバラなため実施できず，実施できた7名について報告していきます．

### 1．実施内容：COGET

おおむね月曜から金曜，帰寮後（夕から夜）の30分程度で行っています．場所は寮内のリビングにて，Ⅰセッション＋Gセッション4か月コースを実施します．

COGET のプリントを用いて，そのプリントを個々にファイルします．G セッションは皆で実施します．トレーニング後に皆で答え合わせをします．答え合わせは，私たちが口頭で実施します．I セッションはそれぞれのペースで実施します．余裕のある児童は，余暇時間も使っています．そして，私たちが採点します．その際は，「たいへんがんばりました（スタンプ）」「あとちょっと（スタンプ）」「がんばれ（スタンプ）」を押します．4 か月経ち終了すると，再びファイルを作り直し，実施します．

### 2．実施内容：COGOT

週 1 回（土日など），レクリエーション的に実施し，寮内のリビングにて行っています．「爪楊枝積み」「色か絵か？」「動きを言葉で伝える」などを行います．実施する内容によっては，音楽を流しながら（大音量），隣に会話が聞こえないようにして，また床で寝転んだりしながら，椅子に座りながら取り組んでいます．毎度，児童は笑みを浮かべています．

## 結果，考察

事例を通じて紹介します．

### 1．A さん：ADHD，ゲーム依存，家庭内暴力，不登校

#### ① コグトレをやってみた感想（インタビュー）

ノートをとるのが早くなりました．先生が板書を終わったときに，かつて半分も写し終わらなかったのに，現在は 4 分の 3 くらい終わるようになりました．だいぶ頭にも，先生が言っている内容が入ってくるようになりました．先生の話を聞きながら，聞いたり，書いたりできるようになりました．違いを見つけることができるようになりました．仲間外れ，例えば国語の品詞の違い

とか，わかりやすくなりました．記憶もよくなりました．板書を見てしばらくしてからも記憶が残っています．「記号さがし」では，書き間違えがわかるようになりました．あとは，授業のプリントの 1 番目の問題を解いていたのに，途中で 3 番目に飛んで解いてしまったり，目に入ったものが気になったり，一つの問題に集中して取り組めなかったりしたのですが，今は順番に 1 番目，2 番目というふうに取り組めるようになりました．これは，「記号さがし」のおかげだと思います．数学の図形の問題でいろいろな見方ができるようになりました．「形さがし」では，いろんな物事が見えます．「記号さがし」の課題は難しかったけど次第にできるようになりました．

#### ② A さん自由記載

コグトレをやったほうが，難しい話もだいぶ理解できるようになったし，記憶力もよくなった気がします．コグトレをやるまで，だれにでも手を出しやすかったのは，理解しようとしなかったからだったからであって，相手の話を聞いて理解すると，手を出すようなことにはならないから，自分はよくなったと思います．

#### ③ A さんの学園での様子

A さんは，ゲーム依存，家庭内暴力などの問題行動があり，明石学園に入園しています．学習においては，中学 1 年時は昼夜ゲームをしていました．勉強は難しい状況でしたが，中 2 から中 3 にかけて，ずいぶん伸び，8 割から 9 割くらいテストで点数がとれる科目も増えてきました．授業態度も問題なく，意欲的に発表もしています．

生活面では，最初は作業中に目の前の人と関係のないことをやったり，虫などを触ったり，勉強中も近くの子どもの刺激に容易

に反応してしまい，集中ができなかったり，すぐに「これは，こんなん（このようなもの）だからいいです」など，自分の勝手な言い分を職員に押しつけていましたが，月日が経つにつれ，そのような言動も減少したのです．年下の子どもに掃除の仕方や，おかしなことはおかしいと指摘してあげられるようになりました．帰宅訓練では1年経って，毎度，保護者宅に休暇を過ごすために帰るとゲームがやめられなくなり，飲食，睡眠を忘れて夢中になりすぎていたのが，唯一，直近の帰宅訓練ではゲームをやめることに成功しました．笑顔が素敵で，よくお手伝いもしてくれるようになりました．精神科に通院し，入所当時から同じ薬で量に変化はないのですが，わがままな言動が減り，自分が嫌なことでも前向きに取り組めるようになりました．

### 4 考察

コグトレを実施して，インタビューからも読み取れるように，学習面でも板書が楽に写せるようになり，書きながら先生の話も理解できるようになって，今後勉強にもついていけるようになると考えられます．記憶力，特に「記号さがし」の課題で，間違ったらストップさせて少し戻していましたが，「待てよ」というふうに本人が感じているのをみると，脳にブレーキをかけることができるようになり，つまりコグトレが，今後，ゲーム依存や家庭内暴力の抑止の一助になるのではと考えられます．

## 2．Bさん：わいせつ

### 1 コグトレをやってみた感想（インタビュー）

授業中の板書が記憶して書けるようになりました．板書に10分かかっていたとすると，3分から5分で終わる感じです．すらすら書けます．「記号さがし」では，「そうだっ

たかな」と勢いを止めて，「これで合っているかな」と考えられるようになりました．板書がなく，口頭だけで話されると，わからなかった意味が，だんだん理解できるようになりました．「最初とポン」のはじめの言葉では，場面理解ができるようになりました．「間違い探し」では，やめといたほうがよいという判断につながりました．「折り合わせ図形」「回転パズル」では，イメージすることができるようになりました．「形さがし」では，このあとの自分のことを想像できるようになりました．先を見据えられるようになりました．立ち止まって考えられるようになりました．自分は「鏡映し」や「くるくる星座」が難しかったです．「点つなぎ」は，割と得意です．

### 2 Bさん自由記載

耳で聞いたものは記憶できるが，書いたものは理解できないことも多かったです．10秒で見て書くのを繰り返していたら，理解する力がつきました．先々を見据えることができました．イメージ力がだいぶつきました．自分でブレーキをかけて考えられるようになりました．

### 3 Bさんの学園での様子

Bさんは入園してから，人との距離が近く，人と意見も身体もぶつかることが多かったです．女子生徒に数回，すれ違いざまにわざと自分の身体を当てに行く，衝動的な行為が止まりませんでした．今ではだいぶ減ってきています．年下の子どもとの意見の食い違いに対して腹を立てて，この児童を蹴るという暴力行為がありました．興奮すると言葉を5回くらい連呼し，本人の意図していないところで，手足を高速に動かすということもありますが，ずいぶん落ち着いてきました．女子支援員が真後ろで食

事の支度をしているとき，最近は「先生，僕，今すぐ後ろにいますので」と言って距離感がとれるまでになっています．学習面では，漢字や英語が得意ですが，数学には苦労していたようです．先生に何か言われると必ず，「だから」と言い返すことが多かったです．人と人がしゃべっていてもおかまいなしに会話に入ってきてしまい，「何がいけないのか」という具合でしたが，次第に距離感もつかんでいます．いつも気づけば隣にいて，会話にならないこともありますが，よく私たちに話しかけてくれます．教室ではまだブツブツ言っています．

④ 考察

Bさんは，コグトレを実施しながら，「思ったと同時に身体も動いてしまう」と言っていましたが，「記号さがし」などは立ち止まって考えられるようになりました．つまり，脳にストップをかけられると実感していることになります．わいせつや暴力，人間関係の改善に，今後，役に立つのではと思われます．何よりBさんが「回転パズル」などを実施する様子を見ていると，自分の考えや行動がイメージ化でき，この自分の行動がまずいと感じられ，わいせつ行動や衝動性を抑止できるようになる可能性がうかがえます．今後も続けることで，Bさんの助けになるのではと思われます．

## 3．Cさん：家庭内暴力，わいせつ，窃盗

### ① コグトレをやってみた感想（インタビュー）

キーワードに拍手するやつ（「最初とポン」）で，手を叩くとき，叩かないときと，考えて止めることができるようになりました．「記号さがし」で，△が手前にあったらチェックをつけない，○にチェックをつける課題を繰り返しやっていることで，「先生がいないときは，今はしゃべるときちゃう

な」と考えられるようになりました．「あいう算」では，最初は計算も遅く時間がかかっていましたが，算数の分数を通分して分子の計算など，確認しなくとも解けるようになったのです．板書では，今まで先生が書き終わってから5分はかかっていましたが，先生が終わるのと同じくらいに書き終わるようになりました．また，予測することもできるようになりました．

「間違い探し」の課題では，人のよい点がみえるようになりました．

### ② Cさん自由記載

自分の行動を止めるということができるようになるために，「あいう算」や「記号さがし」はよいと思います．

### ③ Cさんの学園での様子

幼く小さな子どもが喜びそうなことで笑い，人によって態度を変え，ものを隠し，陰湿な言動が毎日続いていました．近頃は，堂々と大きな声で話せて，人のために手伝いができるようになってきています．

学力が伸び，まんべんなくどの教科も8割程度とれています．言葉で何度も伝えていますが，衝動的行動の抑止にはつながりません．しかし，次第に支援員に甘えられるようになり，わいせつ行動が少なくなってきています．

### ④ 考察

小さな子どものように見たものにいちいち反応していましたが，ふざけてよいときと，そうでないとき，立ち止まって考えられるようになったと思われます．衝動性も少しではありますが，治まったと思われます．ブツブツと独り言が多く怪訝な表情をしていましたが，頭の中で物事の整理がついてきたのか，自分の行動を抑えられるようになったのではと思われます．Cさんは

以前，楽しいこと，冗談など，あまり発言しなかったようです．しかし，今はよく笑い，自分の間違いも認められるようになってきていることから，脳の中で速やかに物事が理解できるようになってきたと思われます．予測する力もついて，衝動的な行動にもブレーキがかけられるようになってきたと思われます．

## 4．Dさん：ADHD，施設不適応，虐待，暴力

### ① コグトレをやってみた感想（インタビュー）

「あいう算」で算数ができるようになりました．何が違うかという課題では，次に何が起こるか，考えられるようになりました．「鏡映し」では，想像する力がつきました．人の話が聞けるようになりました．板書も先生が書いて半分も書けなかったのが，半分以上書けるようになりました．「記号さがし」では，写すのが早くなりました．間違いが見えるようになって，ブレーキをかけられるようになったということです．

### ② Dさん自由記載

「記号さがし」はやったほうがよい．

### ③ Dさんの様子

地元の小学校では，暴力を頻繁に起こし，すぐにイライラして人や物に八つ当たりし，食欲もなく元気がありませんでしたが，今では笑顔が増え，暴力行為は少なくなっています．教室では落ち着かず，授業妨害が多発し，「別室で」と言われ，本児から担任への反発的態度もありましたが，次第に暴言暴力，多動行動は落ち着き，教室から出されることは減っています．薬も半分量へと減り，表情が出て明るく子どもらしい面も出てきています．学習面では，2学期の通知表では△はなく，○ばかりへと変化し，授業と関係のない行動は減り，先生の話も聞けるようになってきています．

### ④ 考察

コグトレを実施して，ノートがとれるようになったり，先生の話が聞けるようになったりと，学校が楽しい様子であり，宿題の要領もよくなったと思われます．イメージする力がつき，やってはいけない状況が想像しやすくなったのではと思われます．「記号さがし」で，本人の言葉どおり，立ち止まって考える作業を繰り返したことで，ブレーキがかけられるようになってきているのではと思われます．

## 5．Eさん：放火，施設不適応，学習障害

### ① コグトレをやってみた感想（インタビュー）

計算が速くなりました．見つけるのが早くなりました．次に何をするのかわかるようになりました．漢字も少しだけ覚えられるようになってきました．

### ② Eさん自由記載

きおくするやつをやったほうがいい．

### ③ Eさんの学園での様子

入園してから，誰にでも嘘を平気でつき，人を見てからかい，自分が楽しければ人の嫌なことでも笑顔でしてしまいます．授業への参加は受け身だが，算数は楽しそうです．宿題を平然とやらず，たとえやっていても提出できない点は続いています．ただ，会話はうまくできませんでしたが，最近はずいぶん話しています．ただ，決められている当番や，次の動作に移ることができません．そのときはじっとして，ぼーっとしているため，次の動作へ誘導しないと，自分では次の行動をするのが難しいようです．私たちに「あれをあれしました」と報告してきますが，最近では何をしたのかを思い出して話せます．滑舌もよくなり，相手の目を見て，大きな声ではっきりとものが言えます．

④ 考察

すぐに物事を忘れてしまうことが多々あります. コグトレが記憶の練習になっているといえることから, 繰り返し記憶することで, 練習が生活に活かされてきていると思われます. 笑顔も増え, 相手の顔を見て会話ができるようになっています.

## 6. Fさん：入所，暴力，ネグレクト

① コグトレをやってみた感想（インタビュー）

教室で黒板を見ながらノートをとるとき, いつの間にかノートの行がずれて, 汚くなっていましたが, 今は見て, 覚えてきれいに書けるようになりました. 先生からクラスで板書とるのは一番早くなったと言われました. 英語の暗唱は以前3, 4日かかったものが, 今では一日で覚えられるようになりました.

② Fさん自由記載

板書が早くなった. 暗唱ができるようになった.

③ Fさんの学園での様子

入園当初は, ぼーっとした様子で他児が嫌なことを言っても, 知らん顔で感情があまり出てきませんでした. 最近は自分の意見を言うようになって, 授業中も, 関係ないおしゃべりをしていたのが, 今は先生の話を聞けて, 困ったことなどを伝えられます. 学習面では, 1割程度しか, テストで理解できませんが, 少しずつ成績が上がってきています. 特に, 理科が楽しい様子です. 以前の「テスト勉強がわからないのでやりません」「勉強しても意味がない」という発言が, 「全教科点数あげたいです」「高校へ進学してみたい」と前向きな言葉に変わってきています.

④ 考察

「どの科目も頑張りたい」と言っていることから, 記憶ができ, 授業についていけるようになったことで, 前向きな気持ちになったことが考えられます.

## 7. Gさん：ADHD，施設内暴力

① コグトレをやってみた感想（インタビュー）

イメージ化ができ, スムーズに会話ができるようになりました. 何も考えず衝動的な行動が多かったです. いろんなことがわかりませんでしたが, 少しずつ先生たちが伝えようとしていることがわかるようになりました. ノートもとれるようになりました.

② Gさん自由記載

集中力が増した. ノートが早くとれるようになりました.

③ Gさんの学園での様子

中3のときは成績は悪く, 自己流の自分の言い分を頑として最初はゆずりませんでしたが,「わかりました」ということをだんだんと言えるようになりました. 恐ろしい顔をして, 大人を睨みつけていましたが, 今では, 笑顔で笑わせてくれます. 現在は, アルバイトと定時制高校に通っています. 発達障害の療育手帳を所持し, 精神科には月に1回通って, 投薬治療もしています. 学習面では, 高校で上位を保っています. 高校の生徒指導, 担任からの呼び出しも減ってきています.

④ 考察

イメージ化ができると, 言われている内容が頭に入りやすく, コミュニケーションも円滑にいくようになったのではないかと思われます.

## まとめ

インタビューから出てきたものを項目化します.

## 1 衝動性のセーブ

● 落ち着いて物事が考えられるようになった.

● 女性や男性の身体を触ったり，ぶつからなくなった.

● 他人に暴力をふるわなくなった.

● 物事を進めるときに，「待てよ」とひと呼吸おけるようになった.

● 人が話しているときに，少し待とうと思えるようになった.

● テストの問題を飛ばして考えていたが，一つの問題に取り組んでいけるようになった.

## 2 イメージ化

● からかわなくなった.

● 人の嫌なことは言わなくなった.

● 数学ができるようになった.

● 人との距離感がとれるようになってきた.

## 3 記憶力

● 板書がすらすらとれるようになった.

● 暗唱ができるようになった.

● 自分の言いたいことなどを思い出せるようになってきた.

● 先に予測できるようになった.

## 4 物事の比較

● 国語などで品詞の分類がたやすくなった.

● 人と違う点がみえてきた.

● 人のよいところがみえてきた.

## 5 会話の文脈がわかる

● 何を言いたいのかわかる.

　上記のように，1から5の項目がみえてきました. どの項目も，おそらく子どもたちが不足していた点であり，それによって，引き起こされていた問題行動へのアプローチができたことが考えられます. 畑づくりなどの作業療法も行っていますが，職員からの言葉がけの理解の手助けになっているのではないかと推測されます. 明石学園には，おおむね1年から2年程度しか在園できないことを考えると，短期間の間に児童の最大限の利益を追求するために，コグトレは有効なのではと考えられます.

## おわりに

　事例の最後のGさんは，療育手帳を所持しています. 学校の先生に「普通の高校ではなく，支援される高校」を薦められていたのです. その子はうまく話せなかったものの，私に「普通の高校生になりたい」と相談に来たのです. 「彼の可能性を一緒に探りたい」と調べた結果，コグトレと出会い，その子と一緒にやってみようと思ったのです. 時間には限りがあり，実行するには大変なときもあります. ただ，前述のインタビューにもあるように行動では見えない成長も，子どもたちのなかにしかない心の成長に目を向けることで，いつか芽ばえるだろうと信じ，その芽を，コグトレを使って育てたいと思います.

# 日本水上学園のコグトレ実践

大石祐介 ● 日本水上学園

## はじめに

　日本水上学園（以下，当園）でコグトレの実践を始めてから約2年が経ちました．今日に至るまで，宮口幸治氏の著書を教本にしながら，子どもたちと私自身も楽しみながら実践を継続しています．今回こうして文章を書かせていただく機会を頂戴し，大変光栄であるとともに，大変感謝しております．

　さて，当園の実践報告ですが，継続してコグトレに取り組むことはできておりますが，分析・検証という点においては不十分なのが現状です．ですので，今回は導入の経緯，実践内容を中心にまとめてさせていただきました．今後もコグトレ委員を中心として，本を読んだり，研修会に参加したり，他機関の実践を参考にさせていただきながら，少しずつ園での取り組みをレベルアップしていきたいと思っています．児童養護施設でコグトレを導入している施設はまだ少数だと聞いておりますので，少しでも参考にしていただければ幸いです．

## 児童養護施設とは

　「児童養護施設は，保護者のない児童や保護者に監護させることが適当でない児童に対し，安定した生活環境を整えるとともに，生活指導，学習指導，家庭環境の調整等を行いつつ養育を行い，児童の心身の健やかな成長とその自立を支援する機能をもちます」（厚生労働省ホームページより抜粋）．

　2歳からおよそ18歳までの児童が生活しており，全国に約600か所あります．近年では被虐待の影響，発達障害，愛着障害など多くの課題が重複するケースもあり，より専門的な知識・対応が求められます．

## 日本水上学園の施設概要

　ここで当園の施設概要を紹介します（2020年11月現在）．

**所在地**：神奈川県横浜市中区山手町140番地

**入所人数**：65名

**職員体制**：施設長，事務長，栄養士，児童指導員27名（平均勤続年数12年）

**寮体制**

● 年長児童寮　2寮（小2〜高3）
　男女別，小学生，中高生別の計4ユニット，2寮で8ユニット（1ユニット8名まで）

● 年少児童寮　1寮（2歳〜小1）
　男女混合の2ユニット

**支援目標**

「（病気などの理由がない限り）働ける大人になる」

具体的には，以下の2つを自立の定義とし，

目指しています.

●「経済的自立」:自分で働いて食べていくことのできる能力

●「精神的自立」:他人に配慮しながら自分で考えて行動を決定し,その結果に責任をとることのできる能力

**コグトレ担当職員**(コグトレ委員)

●年長児童寮:児童指導員5名

(うち1名コグトレトレーナー養成ワークショップ中級コース修了,1名同初級コース修了)

当園では先に挙げた支援目標を達成するためにさまざまな取り組みがなされています.児童養護施設全体で考えると比較的規模の大きな施設ですが,子どもたちのためにこの集団のよさを生かした取り組みにも力を入れています.なかでも,学力向上,コミュニケーション力を高める取り組みには力を入れています.当園の特徴の一つとして,子どもたちへの学習指導とコミュニケーションの時間を確保するために,調理を外部委託しています.それによって職員は夕方や夜に時間ができ,現在では17時から18時の夕方の時間で,小学生を対象にした英会話や公文式を実施しています.その時間に,今回コグトレを導入しました.

## コグトレを導入した経緯

当園では2019年2月からコグトレを導入しています.導入に至った経緯ですが,当時在籍していたベテラン女性職員が読んだ『発達障害と少年犯罪』[1]という本からコグトレを知り,児童養護施設にもまさに「困っている子ども」の特徴をもつ子どもが一定数おり,そうした子どもたちに有効な支援になるのではないか,という提案がありました.

その後,職員会議(当園における最終決定の場)での承認,2018年12月に施設長・コグトレ担当職員2名で宮口氏を訪問,2019年1月に宮口氏による園内研修で全職員への周知を経て,園内での導入に至っています.2018年10月から数回,園内で当時の小学生全員(28名)を対象にいくつかのトレーニングを試行し,取り組みの姿勢や,その結果と日頃の様子(落ち着きがない,注意しても繰り返してしまう,文字を書くことが苦手,体の使い方が苦手など)と,グループワークに前向きに参加できるかどうかを考慮して,対象を11名に絞り開始しました.コグトレは,学ぶ場でもあり楽しい場でもあるようにしたい,という思いがありました.また,新たに園全体で始める取り組みでもあり,まずは軌道に乗せるため,意欲的な子どものみの参加としました.

現実的には,参加者を決める過程においてはコグトレをやったほうがいいかと思っても,真面目に取り組めない,相手をバカにしてしまうところが強いために参加を見送った子どももいます.

2019年2月から,コグトレの学習面と身体面のトレーニングを使って週に一度のペースで取り組んでいます.宮口氏からは「1日5分でも毎日やったほうがよい」とのアドバイスをもらっており,一部の子どもは週5日ある公文式学習のなかでもコグトレのプリントを実施しています.年少児童寮では,以前から幼児を対象にグループワークを行っていましたが,その内容に加える形で2019年度からコグトレのプリントを活用し始めました.

ここでは年長児童寮での小学生を対象にした実践内容について詳述します.

## 園内での実践

### 1. 準備期間（2018年10月〜2019年1月）

　導入するに先立って，園内でコグトレを実施する職員を決めました．比較的子どもと楽しみながら取り組みができそうな職員を，年長児童寮から男女1名ずつ選出しました．そのコグトレ委員を中心に，まずは2つの年長児童寮の小学生全員と職員に，コグトレがどういうものかを知ってもらう，コグトレを「楽しい」ものだと思ってもらうことを目標に，寮ごとで数回にわたって，いくつかの課題を実施しました．COGETから，「最初とポン」「数字はどこ？」「点つなぎ」「違いはどこ？」「スタンプ」など，比較的どの学年の子どもでも楽しんで取り組める課題を中心に行いました．子どもたちは，ゲーム感覚で次々にクリアする，ていねいにやる，早いが雑にやる，すぐに諦める，イライラしてプリントをぐちゃぐちゃにするなど，さまざまな反応がありました．一緒に参加した職員にとっても難しい課題や苦手な分野があり，よい気づきになったようです．子どもたちからは「もっとやりたい」という声が多く聞かれ，コグトレは「楽しい」と思ってもらえたようでした．

使用教材
- COGET

### 2. コグトレ運用1年目（2019年2月〜2020年3月）

目標：コグトレの定着，コグトレに関する情報収集．

対象児童：11名（2019年2月時点）．
- クラス①6名：A小1女児，B小1男児，C小1男児，D小2女児，E小2女児，F小3女児
- クラス②5名：G小2女児，H小3女児，

I小4女児，J小4男児，K小5男児

実施日・時間：週1回，17時〜18時（曜日は不定期）．

実施職員：2名（進行役，補助役）男性1名，女性1名，進行する職員のみ固定．

実施内容：プリント学習（COGET），体を使ったトレーニング（COGOT）30分ずつ．

使用教材
- e-COGET
- COGOT

　まずはコグトレ委員が前述の基準で対象の子どもを選出し，2クラスに分けて取り組みを始めました．子どもを分ける際，単純に学年だけでなく子どもの力をみて決めたほうがよいという意見があったため，準備期間の取り組み結果も考慮してクラス分けを行いました．参加する職員は2名（男性1名，女性1名）とし，進行する職員のみクラスごとに固定し，もう1名は「なるべく多くの職員に子どもの様子をみてもらう，コグトレを知ってもらう」という意図から，毎回異なる職員に参加してもらうようにしました．

　しかし，次第に「参加する職員によって子どもたちの様子が変わる」という問題が出てきたため，年度途中で参加する職員はコグトレ委員で固定しました．教材は，導入前に全員に行ったときに使った本よりもベーシックな内容で編集されたe-COGETとCOGOTの2冊から選び，週に一度，17時から18時の1時間で終わる内容でかつ，学習面（COGET）と身体面（COGOT）のトレーニング2つを取り入れることにしました．

### 3. コグトレ運用2年目（2020年4月〜11月）

目標：コグトレの継続，子どもたちの得意・不得意の把握．

対象児童：14名（2020年6月時点）.

● クラス①7名：A小3女児，B小3男児，
D小4女児，F小5女児，L小1男児，
M小1女児，N小3女児

● クラス②7名：C小3男児，E小4女児，
G小4女児，H小5女児，I小6女児，
J小6男児，P小5女児

実施日・時間：週1回，17時〜18時（曜
日は不定期）.

実施職員：2〜3名　クラス①，クラス②
ともにコグトレ委員で固定.

実施内容：プリント学習（COGET）20分，
コグトレ棒の練習5分，体を使ったワーク
（COGOT）または社会面（COGST）のプリ
ント学習30分.

**使用教材**

● me-COGET

● COGST

● 宮口幸治：1日5分！教室で使える漢字コ
グトレ　小学1年生. 東洋館出版社，2019.

● COGOT

● COGET

● e-COGET

　2020年度は新たに4名が参加することに
なりました. 数名の低学年の子どもが参加
することになったため，クラス①のなかで
は力があると判断した2名がクラス②に移
動しました. また，前年度の取り組みを振
り返るなかで，コグトレ棒を使った力加減
のトレーニングはできたかどうかの結果が
わかりやすく，子どもたちにも力加減を知
る基礎的なトレーニングとして身につけて
ほしいと考え，毎回5分ですが，コグトレ
棒を左右の手で半回転させる練習を取り入
れています. さらに，対人スキルが乏しい
子どもも多くいるため，COGSTもやってみ
ようということになり，COGSTの教材も活
用し始めました.

## コグトレの取り組みの工夫点

　コグトレに参加している子どもたちは，園
の中でも特に学習，発達や情緒面に課題を
抱えている子どもたちです. 参加人数に多
少の変化はあるものの，7名前後の児童に対
して2名の職員で取り組むためには，子ど
もたちにもある程度取り組みの流れに乗っ
てもらう必要があります. お互い円滑にト
レーニングを進めるために，コグトレ委員
で決めてきたいくつかの事柄があるので紹
介します.

● 開始時，終了時には「号令」を子どもにやっ
てもらう.

● 座る席を横並びで固定する. 職員は子ど
もの間に座る.

● できる範囲で職員も一緒に課題に取り組
む.

● 自身で使う「マイコグトレ棒」を作り，コ
グトレ棒に愛着をもってもらう.

● コグトレシートの間違いは「×」ではなく
「☆」にする.

● 他児の採点の待ち時間に，ぬり絵，迷路，
間違い探しなどの楽しめるプリント，豆
つかみ，バランスゲームなどの知育おも
ちゃを用意する.

● 子どものコグトレシートの正答数，正答
率を半年に一度まとめる.

● 職員は元気よく明るく楽しく，"なるべく"
注意せずに参加する. "なるべく"，とし
たのは他児の邪魔をする，全体の進行が
妨げられるときには注意が必要な場面も
あるためです.

　といったところです. 子どもたちの様子
も多くが同じメンバーで継続してきたこと
によって，どちらのクラスも当初と比べると

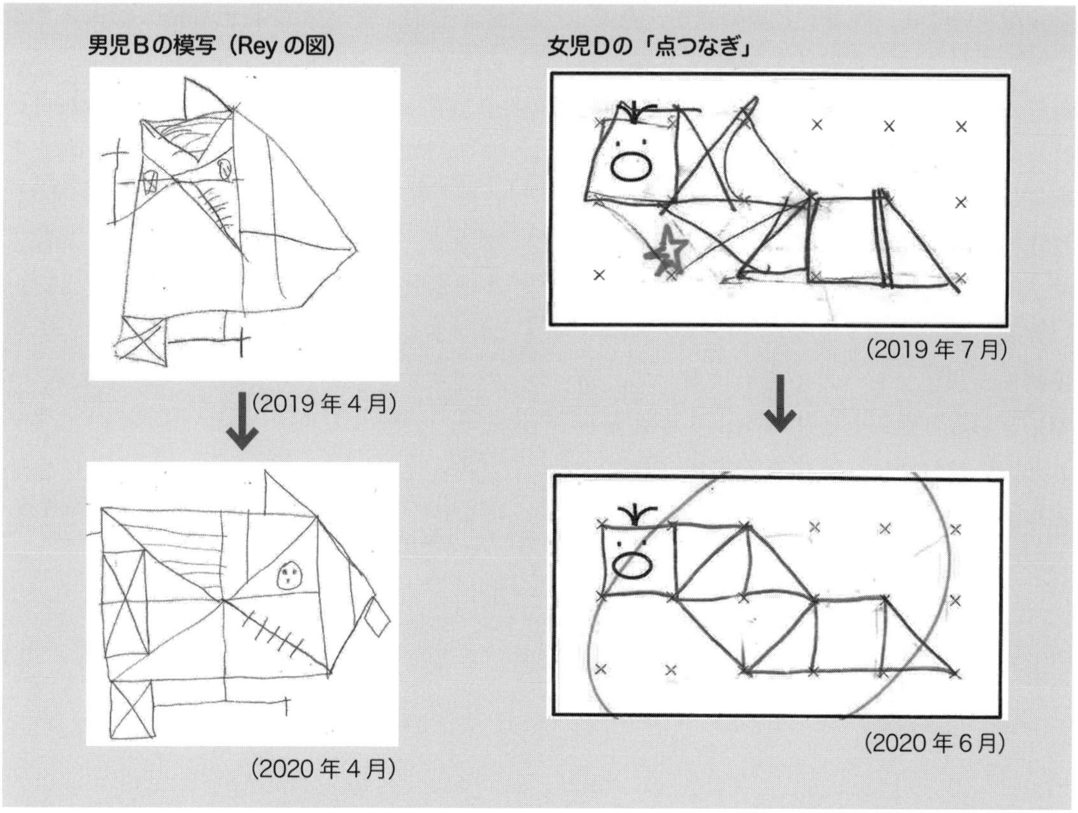

男児Bの模写（Reyの図）

（2019年4月）

（2020年4月）

女児Dの「点つなぎ」

（2019年7月）

（2020年6月）

**図1 ● コグトレからみえる変化**

明らかに落ち着いて取り組めるようになってきています．1年目のときには，「もう嫌だ」と泣き叫んでしまったり，途中で帰ろうとしたり，子ども同士でのケンカなどがみられましたが，今ではほとんどそういったトラブルはなくなりました．

## コグトレの実践結果

### 1．コグトレシートからみえる変化

図1のような変化がみられました（Reyの図の見本はp.125を参照）．

### 2．各担当職員の気づき

● 職員が点線を書いてあげないと漢字が書けなかった子どもが，お手本を見て漢字を書けるようになった（小3）．

● 漢字が記号のようになっていたのが，きちんと漢字として書けるようになった（小

4）．

● 療育センターで発達の検査をした際に，形の認識の項目だけとてもよくできていた．まさに「点つなぎ」の効果と言われた（小6）．

### 3．結果について思うこと

以上は子どもたちの変化がみえる一例です．男児B，女児Dのコグトレシートの変化・成長には私自身も驚き，うれしく思います．男児Bは学校や園での生活も，コグトレを開始した当初と比べると大分落ち着きがみえ，女児Dもコグトレに取り組む姿勢には大きな成長を感じています．また，職員の気づきにあるように，漢字の書き取りが成長した子どももいます．COGETの「写す」（視覚認知の基礎）にある「点つなぎ」には特にたくさん取り組んだので，わ

かりやすい変化・成長だと思います．ただ，シートを見返す，正答率の変化など詳しい分析ができておらず，すべての子どもの変化に気づけているとは思いません．今後も取り組みを継続しながら，その変化・成長に注視，分析を強化していきたいと思います．

　問題行動が表出している子ども，発達・情緒面に課題をもった子どもに対して，園でできる取り組みとしてコグトレは大変ありがたい教材です．宮口氏が提唱されている，困っている子どもの特徴5点セット＋1（認知機能の弱さ，感情統制の弱さ，融通の利かなさ，不適切な自己評価，対人スキルの乏しさ＋身体的不器用さ）で困っている子ども，または対応に困っている職員はいつの時期にもいます．そうした子どもたちに対して早い時期からトレーニングを重ね，学園で，学校で，いずれは社会で彼らの困っている気持ちが少しでも軽減されるように，コグトレの取り組みを続けていきたいと思います．

## 文献

1）田淵俊彦：発達障害と少年犯罪．新潮新書，2018.

# コラム

# 「気づき」や「ひらめき」を引き出す支援

**梅垣勝則** ● 兵庫県中央こども家庭センター

　児童相談所では，非行や虐待環境にある子どもたちの相談がたくさんあります．彼らのなかには，認知発達の歪みやつまずきがある場合が少なくありませんので，私たちの児童相談所では個別に判断して，コグトレによる支援を取り入れています．コグトレにじっくり取り組むことで，学習に意欲を示したり行動がまとまるなどの変化がみられ，支援者同士で手応えを共有しています．

　さて，では，子どもたち自身はコグトレの効果をどのように感じているのでしょうか．この点について，子どもたちに直接質問をしてみました．すると，彼らの多くが，集中力がついたことや学習の基礎的スキル（ノートテイク，暗算，人の話を聴いて覚えるなど）に手応えを感じていることを教えてくれました．さらに，彼らの言葉にじっくりと耳を傾けるなかで，気がついたことが2つあります．

　まず1つ目は，彼らが自分自身について語る内容がとても具体的になったことです．コグトレを受ける前は，例えば，学校をサボることについて「勉強がおもしろくなかった」「先生が嫌いだった」などと漠然と話す場合が多いです．しかし，コグトレを積み重ねた子どもは，「前は，黒板の隅にある宿題のメモみたいなものを書けなかった．でも，今は，それを見落とさずに書けるようになりました」などと具体的に話してくれました．

　コグトレに取り組み，認知機能が高まることで，以前の自分は「何ができなかったのか」を振り返り，自分のことを少し俯瞰できるようになったのでしょう．さらに，頭の中で考えをまとめて自分のことを言葉で話す力もついてきたようです．これらのプロセスは「等身大の自己

評価」にほんの少し近づいているのかもしれません．

　2つ目は，勉強だけでなく，社会常識的な意味や期待される行動（なぜ約束を守るのか，なぜ掃除や片づけをするのか等々）について，「なんか理解できるようなりました」と語る子どもたちがいることです．これまで何度説明されても理解できなかったことやどうでもよかったことが，「あぁ，そういうことか！」と腑に落ちたようなニュアンスでした．

　コグトレを通して頭を使うことで，ある瞬間にふと「あ！そうか！」と理解する，この「気づき」や「ひらめき」体験を繰り返すなかで，それまで断片的に経験していたことがまとまりとして意味づけられたかのようでした．

　子どもたちはコグトレをしながら「う〜ん…」と頭の中で一生懸命考えます．そして，ふとした瞬間に「あっ！」と気づくときがあります．これが，脳のネットワークが活性化したときのサインだとしたら，非常にうれしい瞬間です．「あ！そうか！」と気づいてもらうために，その子どもに応じた課題やヒントの出し方を考えるのが楽しくなりますね．そのために，私たちは，子どもの視線，手指の動き，息づかい，感情の機微などをていねいに観察し，子どもが「あ！」と気づく瞬間を見逃さないようにしたいです．

　そして，その瞬間に出会ったらすかさず，「いま，"あ！"って何か気づいたみたいだったね？（教えて？）」と尋ねてみましょう．もちろん理路整然と話せる子どもはほとんどいませんが，たいていの子どもは得意げに何かを話そうとしてくれます．自分で気づき，ひらめいた体験はやっぱりうれしいからです．子どもと一緒に喜べることはコグトレの魅力ですね．

# コグトレを導入して

池 眞清 ● 愛神愛隣舎

　私が働いている児童養護施設愛神愛隣舎は，神戸市灘区の六甲山を見上げることのできる，少し歩くと海がある場所にあります．第二次世界大戦時に発生した戦災孤児たちを保護するために設立されて現在に至ります．本園施設とグループホームの 2 か所で子どもたちが生活している都市型児童養護施設です．昨年度より幼児小学生児童計 6 人にコグトレのトレーニングを導入いたしました．

　トレーニング内容は週 1 回 50 分，彼らの学年に合わせた点つなぎや絵の模写，同じものを探す作業をペーパー形式でしていくということです．児童は最初の数回は物珍しさも手伝ってかトレーニングの日を楽しみにして，集中して取り組んでいました．

　しかし，徐々に飽きがきたのか「コグトレに行きたくない」の発言や，トレーニング中に歩き回ったりペーパーに絵を描くなど集中できなくなってきたりした児童も出てきました．しかし，講師の先生（大学院生）に根気強く対応していただき，また児童がトレーニングに集中できるような仕掛け ( 各児童にファイルを用意して，1 日の振り返りを行い，達成度に応じてシールを貼る，表彰状を渡すなど ) の工夫を用意す

ることで，徐々にそのような行動はなくなり，スムーズにトレーニングできるようになりました．最終日には児童から講師に「また来てほしい」「次はいつ来るの？」というような声も出てきていました．

　トレーニング期間を通じて，各児童には集中力が増えたり，言葉の理解力が増えたりしたと思います．なかには著しく成長した児童もいます．施設内で職員から注意や指導をする際に，以前ならばわかりやすく平易な言葉に置き換えて説明を行っても理解できていないのではないかと思われる場面は多々ありました．しかし，そのような場面は少なくなってきたというのが私の所感です．

　また，トレーニング内容と同じような学校の課題が出た際にも，児童の課題点が浮き彫りになり，対応が容易になった場面もありました．

　講師も変わり，トレーニング内容も違う内容で行っていくことになっていた矢先の 2020 年来のコロナ禍で，現在はトレーニングを中止している状況です．一刻も早くコロナ禍が収束してトレーニングを行えるようになることを願ってやみません．

# 第3章

# 心理

心理カウンセリングセンター
心理職による学校での取り組み

# コグトレの導入による
# 問題行動の改善と成長

野中友美 ● 特定非営利活動法人アントワープカウンセリングオフィス

## はじめに

　障害児通所支援とは平成24年4月に児童福祉法（昭和22年法律第164号）に位置づけられた新たな支援です．提供される支援の内容は多種多様です．虐待が疑われる要観察児や学校で問題行動のある子どもたち，愛着の問題のある子どもたちなど，問題が重なり支援が困難となりやすい状況があります．今や，家庭や学校，福祉行政，医療などと連携を図るなど，包括的な支援が求められています．

　このような現状を踏まえ，当事業所は，心理職を中心として，発達的視点から子ども，保護者が抱えるさまざまな問題に対して改善・解決の方向に支援することを目指しています．発達に課題がある子どもたちのなかには認知機能の弱さがある場合があり，当事業所では認知機能の強化を目的として「コグトレ」を導入しています．これまで幼児期〜学齢期の子どもたちは支援を続けるなかで，行動面や学習面の改善のほか，他児との関係ももてるようになりました．さらに，保護者，学校，医療，関係機関からも児の変化と成長を感じてもらえるなど，コグトレの効果の声が聞かれています．

　紹介事例Sさんは落ち着きがなく集団のなかで頻度のパニックを起こし，学校も家庭でも手に負えない状態となっていました．そこで，COGETとCOGOT，そしてCOGSTを活用し支援に取り組みました．同時に学校からたびたび発生したトラブルの報告を受け，不安定になり憔悴していた母親に対しても心理的支援を行ってきました．コグトレ導入によって，Sさんの問題行動は変化し，母親の抱える問題も改善しながら，親子とも安定してきました．その過程を紹介いたします．

## 事例の概要

### 1．本児：Sさん，男児

**年齢**：入所時，小学1年生（7歳）．現在，中学1年生（13歳）．

**学校**：小学生時は支援学級在籍．中学は私立中学校（通常学級）．

**家族構成**：父親（単身赴任中），母親，姉，本児の4人家族．

### 2．母親

**年齢**：40代．

　クリニック医療事務職員．小学6年時，障害児通所支援事業所の児童指導員へ転職．

**紹介経路**：A県．

　ことばの遅れで3歳から児童発達支援センターで療育を受ける．6歳のとき，父親の転勤でB県へ転居する．紹介にて医療機関

で言語聴覚士，作業療法士フォローとなる．小学1年時，ソーシャルワーカーより依頼，集団生活訓練のため当事業所通所となる．
**医療**：小学2年時に自閉スペクトラム症（ASD）との診断，投薬コントロール中．小学5年時の診察で医師より「Sさんは伸びた．コグトレは合っている方法」と言われる．

## 支援経過と結果

### 1．支援目標

母親が安定し，Sさんが生き生きとした生活が送れるようになる．

### 2．「第1期　コグトレ導入前について」小学1年（X－6年1月）〜小学4年（X－3年5月）

① Sさんの経過

放課後の集団では他児からの刺激を受け，すぐに泣く，大声で暴言を吐く，一方的に話し続けるなど，こだわりも露呈していました．

**支援内容**：混乱しないよう担当者を決め，あらかじめ簡単な言葉とカード提示を繰り返し行い，簡潔明確に伝え，パニック時には環境を変えクールダウンをさせることで，徐々にSさんは安定し，担当者や環境にも適応できるようになりました．

② アセスメント

小学3年時（X－4年3月），WISC-Ⅳ知能検査結果：全検査IQ 88，言語理解99，知覚推理76，ワーキングメモリ85，処理速度73．

**下位項目の問題と考察**：認知機能のバランスの弱さが示され，「覚える」「数える」「写す」「見つける」「想像する」のCOGETの導入，さらにビジョントレーニングや図形感覚，空間認知力をつける課題を併用，形や書字はSさんに合った構成課題を追加す

る必要がありました．

③ 母親の経過

小学1〜3年時は，学校から問題行動の報告やたびたびの呼び出しで不安定になりやすい状態でした．

**支援内容**：話せる場の提供と定期的カウンセリングを実施し支えていきました．小学校長から小学4年時に見学許可が1回おりましたが，そのほか小学校とのつながりはありませんでした．

### 3．「第2期　COGETについて」小学4年（X－3年6月）〜中学1年（X年現在）

① Sさんの経過

学校で嫌なことがあると気分が落ち込んでしまいます．

**支援内容**：開始前に学校で起こったエピソードを話してからCOGETを開始しました．COGETの「覚える」に対して，抵抗が強いため，注意，知覚，推論・判断を中心に設定し，4か月後に再度「覚える」課題を追加しました．週1回60分の支援プログラムとして，ビジョントレーニング→COGET→形の構成，統合課題→タブレット課題（必要時，休憩）としました．できないことに意欲低下となりやすいため，×をつけず，やり直して○をつけるようにしていきました．

② 結果とアセスメント

導入時の「点つなぎ」は，やり直しても曲がった線を消せないこともあり，相対的位置関係を理解することも時間がかかりました．また，バウムテスト（BT）では枝をぐるぐるとなぐり描き，幹は茶色に塗りつぶし空白も多く幼児が描いた印象でした．高機能自閉症の子どもの外界への「認知スタイル」は部分認知が優位であるため，目

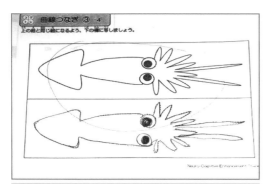

**図1 ●「曲線つなぎ③−4」**
「何とかイカの形になりました」（5回の復習を経て）

で見ることのできるところだけ「部分」を描き，「全体」をつくり上げるので全体像がアンバランスになってしまいます[1]．

　小学6年時の「曲線つなぎ」は，書き直しをしてイカの形を描けるようになりました（**図1**）．中学生になるとようやく「最初とポン」の回答を最後まで書くことができるようになりましたが，細部の形や字体の形もまだ課題が残ります．

　また，小学5年になってもまだ靴紐が結べず，日常生活に困りごとがありました．宮口は物を操作し指先を使うことは，日常生活を円滑に送るために欠かせないこと，趣味を楽しむことや将来の仕事にも関わる重要な動作であると述べています（COGOT参照）．そのため，「物と自分の身体」，物を操作する能力を身につけるためにCOGOTを導入しました．

③ **母親の経過**

　Sさんは通常学級との交流で他児から性的な言葉でからかわれ，帰宅後フラッシュバックを起こすようになりました．しかし，学校側がフォローをしないことに対して母親はイライラや不信感が強くなっていました．

**支援内容**：スクールソーシャルワーカー（SSW）へ相談することをアドバイスし，支援者とSSWが連携を図り，SSWが学校へ巡回を開始しました．

4．**「第3期　COGOTについて」**
　　**小学5年（X−2年6月）〜中学1年**
　　**（X年現在）**

① **Sさんの経過**

　これまで「運動なんかなくなれ」と発言していましたが，小学6年になると中学に通う体力の心配もあり，「運動が苦手で何とかしたいです」と前向きな意思表示をするようになりました．

**支援内容**：週1回60分の支援プログラムとして，専用の板版を用い靴紐結びの練習→COGOT→支援者とゲームまたはタブレット課題としました．

② **結果とアセスメント**

　小学6年で靴紐を結べるようになりました．コグトレ棒が最初はうまくコントロールができませんでした．筋力の出力である体性感覚と高さなどを視覚で確かめる視覚−体性感覚がうまく統合されていません．そこで，動作を繰り返すことで動作結果の自覚が始まり，中学1年時でようやく投げる動作と受け取る動作に注意を向けることができるようになり，支援者と母親と成功体験を積めました（**図2**）．

　指先の細かい動きを使う課題は，負荷時間を短くし，繰り返すことで成功できるようになり，新聞ちぎりは「これはストレスが発散できる」と言って楽しく取り組んでいました．体幹が安定し始めると姿勢がよくなり，つまずき転ぶこともなくなってきました．自分の身体を通じて物を操作することで，注意の集中と分散する視覚情報は，特に知覚と感覚機能を向上させ始めたと思われました．

　COGETの継続とCOGOT「人の身体と自

**図2 ● 小学6年卒業，物をコントロール
するキャッチ棒練習**
「何とかキャッチできたよ」（COGOT のトレーニ
ング中）

分の身体」への取り組みが必要でした．他
者との関わりにはより多くの情報やパター
ン予測が，記憶し，適応するためにはワー
キングメモリが不可欠のため，SST のメ
ニューに COGOT を集団ゲームとして取り
入れることにしました．

## 5.「第4期　SST と COGOT について」
### 小学6年（X－1年7月）〜中学1年
### （X年現在）

#### ① Sさんの経過

受験し新たな学校で友だちをつくると意
思を示し，崩れても「受験」というキーワー
ドで気持ちを切り替えることが増えました．
**支援内容**：周囲の人の表情や視線への気づ
き，場にふさわしい適切な言動，自分の感
情や考えの表現方法などのスキルの獲得を
目指し，他者と相互に関わる能力を高める
ため，週1回60分の支援プログラムとして，
COGET → SST 机上集団課題→集団ゲーム
または COGOT「物のコントロール」の復習
課題と「人の身体と自分の身体」課題とし，
学習支援を追加し受験合格に向けて臨みま
した．

#### ② 結果とアセスメント

キャッチ棒と玉で，お互いに投げる動作
と受け取る動作ではタイミングを崩される
と苦情を訴えるため，人や状況に合わせる
ことが課題となりました．動きを言葉で伝
える際に難しい言葉やゲームで使う用語で
表現するため，場にふさわしい言葉を教え
ながら言語化するプロセスを積み重ね，支
援することが必要です．

小学6年の12月，受験提出用の WISC -
Ⅳ知能検査を実施しました．WISC -Ⅳ知能
検査結果：全検査 IQ 86，言語理解 97，知覚
推理 76，ワーキングメモリ 94 ↑，処理速度
88 ↑．

所見からワーキングメモリ，処理速度の
数値は上がり，知覚推理は変わらず低い値
を示しています．形や書字に関する「物（鉛
筆）をコントロールする」「指先を使う」な
どでは依然として課題があり，COGOT 支援
を強化する必要がありました．

集団場面では話の内容を理解したり考え
をまとめたりできない，想像力が弱い，場
の理解が難しい，先の見通しが立てにくい
ため，SST と併用して COGST の段階式感
情トレーニング，危機予知トレーニング，
対人マナートレーニング，段階式問題解決
トレーニングを導入し，社会面への支援か
ら経験を積み上げる必要がありました．

#### ③ 母親の経過

子どもが自ら私立中学の受験を希望しう
れしい反面，家族内では親への反抗，姉と
のトラブルが増え，反抗期が加味してきま
したが，「いよいよ反抗期になってきたな
あと感じます．大変だけどこれも成長した
ということですね」と語り，母親として安
定感が出てきたと，支援者は頼もしく感じ
ました．

支援内容：思春期になると基盤としての愛着の存在，社会的基盤，内省の積み重ねの発展として自我形成がまだ十分に育っていないため，孤立した不安な思春期にならないように親子を支えサポートをする必要があります．小学6年時にようやく保育所等訪問支援が再開され，支援者はつなぎ手として関わり家庭，学校と連携を図っていきました．父親も帰省した際に，児の送り迎えや子どもの面倒をみてサポートする様子も窺えました．

## 6.「第5期　SST併用COGSTについて」小学6年（X－1年3月）〜中学1年（X年現在）

### ① Sさんの経過

担当者に合格したことをうれしそうに報告しました．中学生となり学校で崩れても立て直し，「学校は楽しい」と言って毎日登校しています．姉の話を感情的に暴言で語ることがありますが，一時的で立て直せています．

支援内容：電車，バスを利用して一人で登校できるようにSSTを行いました．COGSTは段階式感情トレーニングの自分の感情と他者の感情を分けて扱いました．

①この人はどんな気持ち→他者の表情・状況理解→相手の表情に気づく，相手の表情を読める．

②この人たちはどんな気持ち→他者の表情・状況理解→相手の感情を状況から察する．

これらができるよう支援を継続しています．生活状況で起こる感情を表現することが多く，「復讐したい気持ちが出ないでいる」と書くこともあり，相手の表情と感情の理解を積み重ね，状況が理解できるようプログラムを繰り返し行っています．

### ② 母親の経過

「受験に合格し，ここまでこれるとは思っていなかった」と担当者たちに笑顔で感謝の意を伝え，学校の担任に対しても感謝の気持ちを表現することができました．

支援内容：公益財団法人Cとの協同開発「自分を知り，やさしい子育てを実践するためのプログラム全3回」の研修に母親も参加し，「やさしい子育てママ」の認定を受けました．今後は子どもの自立を認められるよう母子分離課題を支援していきます．

## 考察

第1期は，問題行動の特性が強い子どもは，背景を見立て関わることができるようになることが，支援をするための第一歩です．また，発達障害のある子どもも愛着形成の必要性があると考えます[2]．子どもが環境と担当者に適応していったことは，担当者を安全基地とし，Sさんが安心感を得ることができるようになっていったと考えられます[3,4]．

第2期にCOGETを導入し，宮口（COGET参照）が述べているように，関係性の理解，論理的思考，時間概念，方略などの実行機能は，支援者と課題の理解を確認し，どのように組み立てるのか，得られた結果をみてアセスメントし，修正し課題を遂行できるように支援を展開していったことは[5]，その後のSさんの行動，態度の特性修正，成長の過程に大きく寄与したと考えられます．

第3期は日常生活動作の問題が露呈したので，COGOTを導入し支援をしたことで，Sさんは「不器用なところを改善したい」という自己認知ができたと考えられます．

宮口は，自分の身体を通じて物を操作することで注意の集中と分散する視覚情報は

前頭葉の機能を向上させることにつながる（COGOT 参照）と述べており，知覚や感覚を司る機能の向上が必要であったと考えます.

第4期は，書くこと，字の形など知覚推理にはいまだ課題が残っていました. そのため，COGOT 支援の方法を再度修正し強化したことで生活動作ができることが増え，自己肯定感の形成に寄与したと考えられます. 中学受験を自ら決意し受験体制に臨んでいった姿は，周囲からも「成長してきた」「伸びた」と評価を得られ，態度，行動が修正されてきたのはコグトレの効果と考えます.

第5期は，中学生となり反抗期の様相を呈し，COGST の段階式感情トレーニングによって，集団場面では相手の話の内容を理解することや自分の考えがまとまらないことが明らかになりました. 先の見通しが立てられるよう SST と今後も COGST の段階プログラムに沿い，アセスメント，修正を繰り返しながら S さんが生きやすくなるための支援を提供していきたいと考えます.

子どもと母親の心理的支援を併用することで，母親もまた一人ではないこと，ともに子どもの問題行動や周囲環境を整えていく手立てを一緒に考えることができたことは大きな支えになったと思われます. また，こじれた学校との関係も SSW と連携し，支援者も学校巡回したことから「からかう児童に対して指導が行われていること」が母親に説明され，関係の修復に至ることができました. 家庭，学校，教育委員会（SSW），医療，事業所（3名の担当者）と連携を図る

ことができ，改めて包括支援の大切さを痛感した事例です.

## おわりに

S さんは現在，友だちとの関係づくりに取り組み，課題克服のため週3回のトレーニングを継続しています. 学校へ一人で登校し，宿題提出も守れるようになり，好きな音楽やゲームをして楽しい学生生活を送っています. 家庭でも留守番ができるようになり，姉とのトラブルも減少しています.

母親は現在，教員資格を生かし発達障害のある子どもたちの学習支援の仕事をしています. 姉もまた，将来，特別支援教育の教員を目指し高校受験に取り組んでいます.

本事例では，コグトレの活用と心理的支援の併用で，S さん，母親だけでなく，家族への変化をもたらす結果となりました. 今後，3名の担当者とともに S さんが将来生きやすくなるように，さらなる支援を提供できるよう研鑽を積んでいきたいと思います.

## 文献

1）廣澤愛子，大山　卓：高機能広汎性発達障害児の描画特徴に関する一研究—バウムテストを用いて. 愛知教育大学教育実践総合センター紀要. 10：25-34，2007.

2）杉山登志郎：子育てで一番大切なこと—愛着形成と発達障害. 講談社現代新書，2018.

3）宮口幸治：不器用な子どもがしあわせになる育て方. かんき出版，2020.

4）ジョン・ボウルビィ（著），二木　武（監訳）：母と子のアタッチメント—心の安全基地. 医歯薬出版，1993.

5）宮口幸治：教室の困っている発達障害をもつ子どもの理解と認知的アプローチ—非行少年の支援から学ぶ学校支援. 明石書店，2017.

# 毎日が楽しくなるコグトレ♪

阿部千賀子 ● 心理臨床オフィス こもれび

## コグトレとの出会い

コグトレに出会って3年になります．その間，不思議なほど子どもたちが変わっていく姿を目の当たりにしてきました．少しでもこの幸せをおすそ分けできたらと思います．開校に向けて頑張っておられたコグトレ塾のスタッフに私の体験を少しでも役立ててもらおうと，これまで作成した冊子がありました．さらに，3月末に転勤していく先生方が，転勤先でコグトレを実践したいとおっしゃるので，それにさらに加筆して『コグトレメソッド57』という冊子を作成しました．本稿はそのコグトレメソッドより一部を紹介させていただくものです．

### 1．たまたま本屋で手にしたコグトレ

近所の本屋で平積みにされていたCOGETを手に取ったことが出会いでした．著者の宮口幸治先生が，少年院での矯正プログラムを担当していたこと，学習支援を通じて少年鑑別所で関わったあの少年たちにも効果がありそうなこと，ならば，私が今関わっている子どもたち全員に効果があるに違いないと思いました．

IQは，あまり変化しないという現場の常識を知っていました．けれど，薬の力だけを頼り，IQの高いところを伸ばし，低いと

ころを理解するだけでは現状は変わらず，何かよい方法はないのだろうかと探していました．一方で，教育の現場や病院でWISCのデータをみてきて，例外がいくつもあることに気がついていました．方法はあるという確信はありましたが，教材は決まって高額です．安価で納得できる理論的背景があり，簡単に取り組めるものを探し続けていました．コグトレを見つけたときの喜びは言葉に表すことができません．

### 2．たった1枚のコグトレで人生が変わることもある

事例1：ある日，私（Th）の相談室に，小学5年生から家に引きこもり，昼夜逆転し，ゲームが大好きな中学2年生（CL）がお母さんに連れられてきました．下を向いていました．

Th「ねえ，君に力があることがわかるシートがあるの，やってみない？」

CL「うん」

Th「1日1枚から始めるけどやってみる？」

CL「うん」

ここからが始まりでした．その彼の日々のルーティンが変わり，学習意欲が上がり，高校受験を乗り越え，現在は高校に休まず通っています．先日，「化学で100点を取った」とうれしい報告をいただきました．

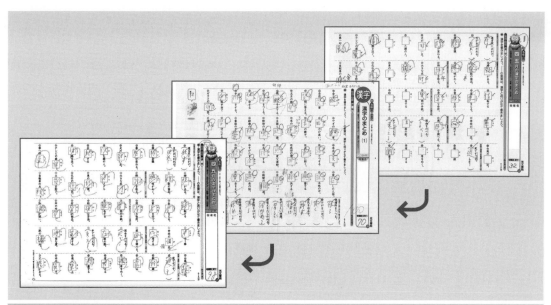

**図1 ● 漢字シート**

事例2：連立方程式ができるのに漢字が苦手で，教室で授業が受けられないでいる小学5年生がいました，お母さん，兄弟といっしょにコグトレに取り組んでいたら，漢字の覚え方がわかり始め，自ら漢字を練習し，点数が3倍になり，当たり前のように教室で授業が受けられるようになりました（**図1**，漢字シート3枚目を参照）.

事例3：高校生で不登校，指を使わなければ計算ができない子がいました．コグトレ開始後，2週間で指を使わずに計算ができるようになりました．初めは母親に送ってもらい県外から通っていたその子が，一人で公共交通機関を乗り継いで通えるようになりました．アルバイトをして自分の好きなアーティストのコンサートに出かけるようになりました．自分の働いたお金で欲しいものが買える，行きたいところに行ける，それがどんなに人生を豊かにするでしょうか.

### 3．How toだけでは意味がない

ときどき，書籍も読まずにどうしたらう

まく使えるのか，How toばかり聞かれることがあります．例えば，羽生結弦くんからスケートの楽しさなどの講義を聞き，演技を見せてもらっても，すぐに四回転を飛ぶことはできません．スケート靴さえ履いたことのない人が，氷の上に放置されたら，生まれたての小鹿です．わかったつもりでも，実際に氷の上に立ってみて初めてわかることがたくさんあります．できない体験をしつつ転びながら習得していく時間が必要です.

けれど，理論もおろそかにしてはいけません．理論的な背景をしっかり学ぶこと，先にコグトレを体験している方の助言をもらうことが大切です．理論的な背景を理解していないと，子どもたちが伸びていることに気づけないからです．成果がみえないと楽しくないし元気が出ません.

### 4．得意技を見極めることでお互いの目が輝いていく

なぜ，一人ひとり結果が違ってしまうのか，それは，同じ卵を材料とするオムレツ

を作っても，作る人によってできあがりが
まったく違うように，一人ひとり料理の経
験，得意料理，味つけがまったく違うから
です．

　私は，心理カウンセラーとしてその違い
を逆手にとって仕事をしています．コンサ
ルテーション（専門家同士の対等な立場の
助言）でその先生の得意技を見立て，一緒
に戦略を立てます．

　ここからコンサルテーションが始まりま
す．コグトレに取り組み，自分の癖をつか
み，関わる子どもへの戦略を分析すること
によって，ともに成長していくwin-winの
関係が築かれます．関わる側が，日ごろど
のように声をかけているのか，実際に取り
組んだコグトレにどのようにコメントして
いるのか，改めて一緒に見直していくなか
でさまざまな発見と驚きがあります．

### 5．消しゴムで消すことが苦行だった

　日ごろ私は心理職として，MSSM（交互
ぐるぐる描き投影・物語統合法）など描画
をもとに心理療法を行い，子どもたちと心
のやりとりをしています．私は職業柄，い
ろんな筆記用具を持っています．いろんな
筆記用具を目の前に置いて，心惹かれる筆
記用具を子どもに手に取ってもらい試し書
きをしてもらいます．そのなかでお気に入
りの一本を見つけると，「これ書きやすい！」
と子どもは笑顔になります．びっくりしま
したが，筆記用具を鉛筆からペンに変えた
だけで喜んでコグトレに取り組むように
なったこともあります．消す必要がないか
らです．不器用な子どもにとって消しゴム
で字を消すことは苦行です．さらに，直線
を引くことも，ひらがなの曲線をうまく書
くことも難しい．このような子どもにとっ
て，鉛筆を持つだけで，嫌なことを連想させ，

急に機嫌が悪くなる子どももいます．姿勢
を維持すること，手先の器用さが授業場面
での生きやすさにつながるのです．COGOT
も学習の土台であり，要であると気がつき
ました．

## とらえ方を半歩ずらすだけでよい

### 1．コグトレのすごいところは，失敗する過程を顕在化できること

　一人ひとり，その人の生きてきた環境，
経験によって独特のとらえ方，解決の仕方
をもっています．そこに気づくだけで新た
な戦略がみえてきます．私自身コグトレに
取り組むなかで，視線の移動に癖があるこ
とを発見しびっくりしました．体調が悪い
わけでもないのに，正気で何度やっても正
解が見つからないのです．私の答えの探し
方に癖があって，それ以外の視点を見つけ
るためには，紙をぐるぐる回したり，ちょっ
と放置して見直してみたりする必要があり
ました．私にも癖があり，失敗する理由が
あることがよくわかりました．コグトレの
すごいところは，答えが見つからないたび
に失敗過程を顕在化できることだと身に染
みてわかりました．

　誰もが，慣れ親しんだ物事のとらえ方と
いう軸足があってこそ，スムーズに毎日の
生活を過ごすことができるのですが，その
当たり前が限界と盲点を生んでいます．視
点を半歩ずらすだけで，世界の見え方が変
わり始めるからコグトレはめちゃくちゃ面
白いです．

### 2．あらさがしは，教える側の自己満足しか獲得できない

　コグトレを始めたころ，失敗したところ
を見つけて，正しくやり直させようとして
いました．それはあらさがしです．失敗を

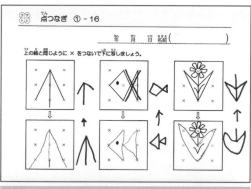

**図2 ●「点つなぎ①-16」(e-COGET) シートの作例**

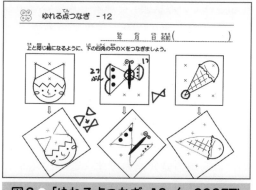

**図3 ●「ゆれる点つなぎ-12」(e-COGET) シートの作例**

指摘されてうれしい子などいません．子どもたちはカウンセラーの私に会う段階で，日々失敗体験が多く，先生に注意される回数がほかの子に比べ格段に多い子たちです．だから，あらさがしを始めると，子どもたちは日常の授業場面を思い出し，とっても嫌な顔をします．そして，逃げられます．叱ったぐらいで修正できるのならば，すでにできているはずです．姿勢の悪い子にとって勉強どころではなく，10分椅子に座っていることから試練です．

コグトレにいくつか取り組んでもらっているだけでいろんなことがわかります．鉛筆の握り方，筆の運び方，姿勢，視線の動かし方などを観察することができます．そこから普段の授業場面で，この子がどんなことに困っているかを予想することができます．「なんでわからない？」の前に私はどれだけその子をわかろうとしていたでしょうか．そのことに気がついた私は大反省してやり方を変えました．子どもは，あらさがしされること，強制されることを嫌います．楽しくなかったら新しいことにチャレンジしてくれません．

### 3．そこに何を見ているのか，想起しているかは，本当のところ私たちは気づいていない

私は，これまで自分が伝えたいと思ったことが，そのまま伝わっていると思っていましたが，それは勘違いであることが，支援教室の先生たちとのコンサルテーションでわかりました．

ときどき，不思議なシートに巡り合うことがあります．何度教えてもわからないその子に，ある先生はあまりにも不思議なので「どうして？」と聞いてみたそうです．小学校低学年（特別支援教室在籍）（**図2**）のある子に，「どうしてこう書いたの？」と聞いたところ，「おさかなと思ったから，お花と思ったから」と答えたそうです．この子にとっていつもお絵かきする金魚とお花はこういう形だったのです．この子の例では，言葉で指摘しただけでは理解できず，青ペンでその子の取り組んだ魚の形とお手本の形を書いて示して初めて理解できました．

また，中学生（特別支援教室在籍）（**図3**）のある生徒は，プリント類を失くす，学習用具をどこにしまったかわからなくなる，学習用具の準備が整わず，特別教室への移動に遅れるのが常でした．そもそも「整理

整頓されている状態」を理解できていなかったそうです．週2時間の通級指導教室のなかでコグトレに取り組み，ペグボードも併用するなかで，「左右対称」「直線の長さの違い」「大きさの違い」「正三角形と二等辺三角形の違い」を見分けることができるようになりました．これは数学を理解するためには必須の認知能力です．この課題がわからないということは，数学の授業中はお客さんでいるしかありません．認知が育たない限り，言って聞かせても，やってみせてもわからないのです．全力で頑張っても結果は点数に現れないのです．なんと悲しいことでしょうか．

この生徒は，週2回，半年間の通級指導教室でのコグトレ支援によって自分ができるようになったという自覚ができ，苦手だったことにも，自信をもって意欲的に取り組むことができるようになりました．

### 4．シートがゲーム画面に見えている子どもたち

さらにびっくりした事例があります．それは「記号さがし」をしているときでした．左から右に順番に取り組むものだと思っていたのですが，上下左右にジグザグ，渦巻き状，らせん状など，さまざまな取り組み方をしていたのです．話を聞くといつも取り組んでいるゲーム画面をシートに見ていたのです．視覚は，反射的に同じような動きで対象をとらえています．彼らが普段しているゲームは，狭い範囲を凝視し，瞬間で反応し続けないと勝てないのです．そして，失敗したことにこだわっていると次の勝負ですぐに負けます．だから，吟味する習慣もありません．

わからない，興味の沸かない授業は，参加意欲が下がります．教室にいても，意識

はここにあらず．ゲームの世界の中にいるのです．その子どもたちにこの教室に戻ってきてもらうには，授業が面白いことに気づけるだけの認知能力が必要だったのです．

### 5．能力はどれだけ伸びても損はない

コグトレは慣れ親しんだ認知ルーティンを，ある意味書き換える作業と私は捉えています．授業時間中に椅子に座っていられるだけの体幹を支える体のコントロール能力，先生が何を言っているのかを聞き取って記憶する力，指示された内容を教科書の中からパッと探し出す視覚認知能力，黒板の文字をノートに写すちょっとの間，記憶しておく視覚空間ワーキングメモリなどが育てば，できる世界，わかる世界がさらに広がっていきます．認知が未発達な子どもたちにとって困ったことが連発する学校生活が変わり始めます．コグトレは何からとりかかってもよいのです，能力はどんなに伸びても損はありませんから．

## その場に隠れている ギフトを探すから面白い

### 1．憂鬱な金曜日が楽しみで仕方がない

『1日5分！教室で使えるコグトレ』[1]を先生たちと始めたころ，私はわけもわからないままにとにかくやっていました．失敗の連続でしたが，それでも子どもたちも面白がってくれました．このエピソードはコグトレ棒を作るところから始まります．簡単そうに見えるコグトレ棒のやりとりが，まったくうまくいかないのです．みんなで苦戦しながらコグトレ棒と格闘します．思わず笑ってしまうこの時間が何よりも楽しかったのです．

それまで金曜日といえばトラブルが多発する日であったために，教職員にとって憂鬱

な日でした. けれど, 金曜日は COGOT を
やる日と決めてから変わり始めました. 競
い合って身体を動かして取り組むからみん
な大はしゃぎ! いつの間にか金曜日のト
ラブルが減り始めました. まさに, COGOT
マジックを目撃しました.

### 2. COGST によって個性の花が開く

　COGST に取り組んでいると, 子どもた
ち一人ひとりがどのように出来事を体験し
ているのかがわかります. 同じ出来事でも,
一人ひとり感じていることが違っていて,
気になることも, ひっかかることも違って
います, 違ってよいのです.

　一人ひとりの体験過程に正解などないの
ですから, やりとりのなかで子どもたちは
正解を見つけるのではなく, 自分の言葉で
体験を語ることを経験します. その繰り返
しのなかで, 自由に発言できるようになっ
ていきます.「あーそうだったんだ」と体験
と気持ちがつながる瞬間が訪れます. 能力
がないのではありません, 経験していても
それが何を意味するのか点と点がつながっ
ていなかっただけかもしれません. この体
験が起こってから彼らは変わっていきまし
た. 表情こそコミュニケーションにおける
重要なサインであることに気づいたからで
す.「最初とポン」の取り組みで先生の話を
聞きとることができるようになると授業に
集中できるようになり, 不思議なほどクラ
スでのトラブルが減っていきました.

### 3. 絵文字の意味がわからない子どもたち

　ある講演会の際に, 絵文字を使えない子
どもたちがいるという話を聞きました. 子
どもたちのコミュニケーションツールは
SNS が主流であり, 幼いころのネットゲー
ムに始まり, 短い言語情報のみで情報交換
しています. この SNS 上でよくトラブルを
起こすそうです. 不思議なことにそんな子
どもたちの文面には, 絵文字が登場しない
のです. そもそも絵文字が何を表している
のか理解できないのだというのです. それ
ぐらい表情に対する関心が薄い, つまり感
情と表情のつながりを理解できていない子
どもたちがたくさんいるのかもしれません.
現代の秘密基地(SNS の世界)で心に浮か
んだそのままのワードをつぶやいて炎上さ
せています.

### 4. 「先生, ケンカしないで済んだよ, びっくりした!」

　毎日のようにクラスメイトとトラブルを
起こす子がいました. 私は, 毎週1回, そ
の子に出来事とそのときの気持ちを聞いて
いました. すると, いつも世の中は理不尽
極まりなく, いかに自分は不当に扱われて
いるか, そういった出来事すべてが本当に
起きているかのように本人には見えている
ようでした.

　そこで, その子と COGST にある「違った
考えをしてみよう」シートをそのときに生
じていた思いを語ってもらいながら取り組
むことにしました. 最初のうちは, 自分が
被害者でしかないために, 違う考えなんて
発想外でした. けれど, 繰り返し出来事を
変えて気持ちを語れるようになっていくな
かで, 違う考えを発見し, トラブルが激減
していったのです. ある日,「先生, けんか
しないで済んだよ, びっくりした!」と報
告にきてくれました.

　それは, その子と私との間に舞い降りて
きた魔法でした. その子の気持ちのなかで
一番存在感が大きかった怒りの地雷を踏ま
ない選択ができたのです. それは, あきら
めず, たくらまず, COGST の1枚のシート
にていねいに取り組むことによって起こり

ました．その子の人生にそれまで決して訪れることのなかった未来の扉が開いたのです．それを奇跡と呼ばずなんと言ったらいいのでしょうか．

## 三人集まれば文殊の知恵

最後まで私のコグトレ実践記を読んでくださり，ありがとうございました．学校にはさまざまな教職員がいて，家では，お父さん，お母さん，祖父母などがいらっしゃいます．大人だからこそ，立場や役割によって常識や考えが違い，それぞれに使命感や責任があります．そのために，さまざまな場で意見の対立や相手に対する要求水準も高くなり，これが仇となることもあります．

けれど，そうなるのは一人ひとりの子どもたちを守りたい，育てたい気持ちがあるからです．私はそれを最大公約数としてコグトレを介して知恵を出し合って現実に向かっていくと，思わぬ変化が現れてきました．まさに，人の数だけ奇跡が起こるチャンスが隠れていたのです．

その一人ひとりの物語を具体的にここに記すことができないのが残念です．コグトレを介在してその子に関わる大人たちと協力し合うなかで，さまざまな奇跡を目の当たりにしてきました．私が受け取った幸せを少しでもお届けできたら幸せです．

最後に，今の子どもたちには，私たちがこれまで言われ続けてきた"失敗をバネにしなさい"という根性論など通用しません．リラックスした関係性のなかで，楽しい，面白い，もっとやってみたい，といった気持ちが新しい未来を拓いていきます．子どもたちとそういった関係性を築き，未来に希望を抱くことができるように，私も日々精進して参りたいと思います．

### 文献

1）宮口幸治：1日5分！教室で使えるコグトレ 困っている子どもを支援する認知トレーニング122．東洋館出版社，2016．

# 小学校における
# コグトレの実践例

西田久美江 ● 山口県宇部市立厚南小学校

## はじめに

　宮口幸治先生が広島大学と共同で2014年（平成26年）に発足したコグトレ研修会は，7年目を迎えて日本COG-TR学会になり，全国各都道府県に次々と地域研究会が立ち上がっています．山口県でも周南市にあるふじわら医院の藤原敬且先生が中心となり，2017年（平成29年）に山口コグトレ研究会が発足しました．筆者も仕事のかたわら，研究会の一員として毎月1回，ふじわら医院へコグトレの療育ボランティアに通っています．

　筆者は小学校教諭として働き，2014年から指導にコグトレを取り入れています．取り組めば取り組むほど，子どもへの指導に有効であると確実な手ごたえを感じています．本稿では，少年院での実践を小学校の現場でどのように応用しているか，心理職としての私見も交えて報告します．

## 個別指導における
## コグトレ指導

　子どもの特性に合わせて行う個別指導はオーダーメイドのカリキュラムが必要です．6年前，初めて個別指導を任されたとき，悩んだのが，対処的になりやすい個別指導に「系統性と連続性をもたせるにはどうしたら

いいか」ということでした．そんなときに出会ったのが，コグトレでした．

　「系統性と連続性がある」コグトレの理論を聞いているうちに，自分の個別指導も，①日常観察やWISC-IV知能検査で特性をつかむ，②COGET課題シートで認知の弱い部分を具体的に把握する，③その子どもに合ったCOGET課題シートやコグトレ棒のプログラムを組み立てる，という流れがみえてきました．

　コグトレには，そのトレーニングを行うと認知機能が向上するという可能性があるのも魅力的でした．また，個別指導には「一人ひとりの適切な実態把握とニーズの明確化」「児童が見通しをもって主体的に取り組むことができる障害の改善・克服に向けた課題の設定」が必要ですが，コグトレはその2つの必要性にも対応していました．

　私は800枚以上あるCOGET課題シートを一覧表（**図1**）にまとめ（e-COGETは**図2**），結果を記入していくことで，子どもの進捗状況をつかんでいます．3枚正解できた項目は合格とし，間違いが続く項目は重点的に繰り返し，できるようになるまで取り組ませています．

　COGET課題シートに取り組む子どもの様子を観察していると，日常生活での弱さの

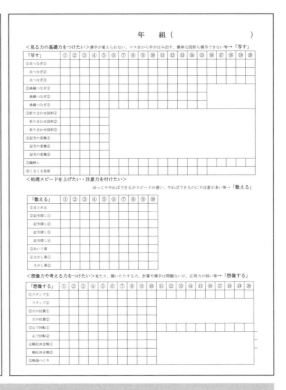

**図1● COGET 課題シート**

*Figure 1 — 左ページ*

コグトレ課題シート　　　　年　組（　　　　　　　）

<聞く力の基礎力をつけたい>聞き間違いが多い，ちゃんと聞いてないように思える，短い文章も復唱できない等→「覚える」（最初とポン，最後とポン）

| 「覚える」 | ① | ② | ③ | ④ | ⑤ | ⑥ | ⑦ | ⑧ | ⑨ | ⑩ |
|---|---|---|---|---|---|---|---|---|---|---|
| ①最初とポン① | | | | | | | | | | |
| 最初とポン② | | | | | | | | | | |
| 最初とポン③ | | | | | | | | | | |
| ②最後とポン① | | | | | | | | | | |
| 最後とポン② | | | | | | | | | | |
| 最後とポン③ | | | | | | | | | | |

<聞く力の応用力をつけたい>聞き間違いはないが，内容が理解出来ていない等→「覚える」（何が一番？何が何番？）

| 「覚える」 | ① | ② | ③ | ④ |
|---|---|---|---|---|
| ①何が一番？① | | | | |
| 何が一番？② | | | | |
| ②何が何番？① | | | | |
| 何が何番？② | | | | |

<見る力の応用力をつけたい>見落としが多い，黒板を写せない等→「見つける」「覚える」（何があった？～はどこ？）

| 「見つける」 | ① | ② | ③ | ④ | ⑤ | ⑥ | ⑦ | ⑧ | ⑨ | ⑩ | ⑪ | ⑫ | ⑬ | ⑭ | ⑮ | ⑯ | ⑰ | ⑱ | ⑲ | ⑳ |
|---|---|---|---|---|---|---|---|---|---|---|---|---|---|---|---|---|---|---|---|---|
| ①黒ぬり図形 | | | | | | | | | | | | | | | | | | | | |
| ②重なり図形 | | | | | | | | | | | | | | | | | | | | |
| ③回転パズル① | | | | | | | | | | | | | | | | | | | | |
| 回転パズル② | | | | | | | | | | | | | | | | | | | | |
| ④形さがし | | | | | | | | | | | | | | | | | | | | |
| ⑤違いはどこ？ | | | | | | | | | | | | | | | | | | | | |
| ⑥同じ絵はどれ？ | | | | | | | | | | | | | | | | | | | | |

| 「覚える」 | ① | ② | ③ | ④ | ⑤ | ⑥ | ⑦ | ⑧ | ⑨ | ⑩ | ⑪ | ⑫ | ⑬ | ⑭ | ⑮ | ⑯ | ⑰ | ⑱ | ⑲ | ⑳ |
|---|---|---|---|---|---|---|---|---|---|---|---|---|---|---|---|---|---|---|---|---|
| ①何があった？ | | | | | | | | | | | | | | | | | | | | |
| ②数字はどこ？ | | | | | | | | | | | | | | | | | | | | |
| ③文字はどこ？ | | | | | | | | | | | | | | | | | | | | |
| ④数字文字はどこ | | | | | | | | | | | | | | | | | | | | |
| ⑤記号はどこ？ | | | | | | | | | | | | | | | | | | | | |
| ⑥○はどこ？① | | | | | | | | | | | | | | | | | | | | |
| ○はどこ？② | | | | | | | | | | | | | | | | | | | | |
| ○はどこ？③ | | | | | | | | | | | | | | | | | | | | |
| ○はどこ？④ | | | | | | | | | | | | | | | | | | | | |
| ⑦アレはどこ？ | | | | | | | | | | | | | | | | | | | | |

*Figure 1 — 右ページ*

　　　　年　組（　　　　　　　）

<見る力の基礎力をつけたい>漢字が覚えられない，マス目から字がはみ出す，簡単な図形も模写できない等→「写す」

| 「写す」 | ① | ② | ③ | ④ | ⑤ | ⑥ | ⑦ | ⑧ | ⑨ | ⑩ | ⑪ | ⑫ | ⑬ | ⑭ |
|---|---|---|---|---|---|---|---|---|---|---|---|---|---|---|
| ①点つなぎ① | | | | | | | | | | | | | | |
| 点つなぎ② | | | | | | | | | | | | | | |
| 点つなぎ③ | | | | | | | | | | | | | | |
| ②曲線つなぎ① | | | | | | | | | | | | | | |
| 曲線つなぎ② | | | | | | | | | | | | | | |
| 曲線つなぎ③ | | | | | | | | | | | | | | |
| ③折り合わせ図形① | | | | | | | | | | | | | | |
| 折り合わせ図形② | | | | | | | | | | | | | | |
| 折り合わせ図形③ | | | | | | | | | | | | | | |
| ④記号の変換① | | | | | | | | | | | | | | |
| 記号の変換② | | | | | | | | | | | | | | |
| 記号の変換③ | | | | | | | | | | | | | | |
| ⑤鏡映し | | | | | | | | | | | | | | |
| ⑥くるくる星座 | | | | | | | | | | | | | | |

<処理スピードを上げたい・注意力を付けたい>ゆっくりやればできるがスピードが遅い，やればできるのに不注意が多い等→「数える」

| 「数える」 | ① | ② | ③ | ④ | ⑤ | ⑥ | ⑦ | ⑧ | ⑨ | ⑩ |
|---|---|---|---|---|---|---|---|---|---|---|
| ①まとめる | | | | | | | | | | |
| ②記号探し① | | | | | | | | | | |
| 記号探し② | | | | | | | | | | |
| 記号探し③ | | | | | | | | | | |
| 記号探し④ | | | | | | | | | | |
| ③あいう算 | | | | | | | | | | |
| ④さがし算① | | | | | | | | | | |
| さがし算② | | | | | | | | | | |

<想像力や考える力をつけたい>見たり，聞いたりする力，計算や漢字は問題ないが，応用力が弱い等→「想像する」

| 「想像する」 | ① | ② | ③ | ④ | ⑤ | ⑥ | ⑦ | ⑧ | ⑨ | ⑩ | ⑪ | ⑫ | ⑬ | ⑭ | ⑮ | ⑯ | ⑰ | ⑱ | ⑲ | ⑳ |
|---|---|---|---|---|---|---|---|---|---|---|---|---|---|---|---|---|---|---|---|---|
| ①スタンプ① | | | | | | | | | | | | | | | | | | | | |
| スタンプ② | | | | | | | | | | | | | | | | | | | | |
| ②穴の位置① | | | | | | | | | | | | | | | | | | | | |
| 穴の位置② | | | | | | | | | | | | | | | | | | | | |
| ③心で回転① | | | | | | | | | | | | | | | | | | | | |
| 心で回転② | | | | | | | | | | | | | | | | | | | | |
| ④順位決定戦① | | | | | | | | | | | | | | | | | | | | |
| 順位決定戦② | | | | | | | | | | | | | | | | | | | | |
| ⑤物語つくり | | | | | | | | | | | | | | | | | | | | |

**図2● e-COGET 課題シート**

やさしいコグトレ課題シート　　　　年　組（　　　　　　　）

<見る力の応用力をつけたい>見落としが多い，黒板を写せない等→「見つける」

| 「見つける」 | 1 | 2 | 3 | 4 | 5 | 6 | 7 | 8 | 9 | 10 | 11 | 12 | 13 | 14 | 15 | 16 | 17 | 18 | 19 | 20 |
|---|---|---|---|---|---|---|---|---|---|---|---|---|---|---|---|---|---|---|---|---|
| 形さがし | | | | | | | | | | | | | | | | | | | | |
| | 21 | 22 | 23 | 24 | 25 | 26 | 27 | 28 | 29 | 30 | | | | | | | | | | |
| この形はどれ① | | | | | | | | | | | | | | | | | | | | |
| この形はどれ② | | | | | | | | | | | | | | | | | | | | |
| 同じ絵はどれ① | | | | | | | | | | | | | | | | | | | | |
| 同じ絵はどれ② | | | | | | | | | | | | | | | | | | | | |

<見る力の基礎力をつけたい>漢字が覚えられない，マス目から字がはみ出す，簡単な図形も模写できない等→「写す」

| 「写す」 | 1 | 2 | 3 | 4 | 5 | 6 | 7 | 8 | 9 | 10 | 11 | 12 | 13 | 14 | 15 | 16 | 17 | 18 | 19 | 20 |
|---|---|---|---|---|---|---|---|---|---|---|---|---|---|---|---|---|---|---|---|---|
| 点つなぎ①1~20 | | | | | | | | | | | | | | | | | | | | |
| | 21 | 22 | 23 | 24 | 25 | 26 | 27 | 28 | 29 | 30 | | | | | | | | | | |
| 点つなぎ①21~30 | | | | | | | | | | | | | | | | | | | | |
| 点つなぎ②1~20 | | | | | | | | | | | | | | | | | | | | |
| 点つなぎ②21~30 | | | | | | | | | | | | | | | | | | | | |
| 曲線つなぎ① | | | | | | | | | | | | | | | | | | | | |
| 曲線つなぎ② | | | | | | | | | | | | | | | | | | | | |
| ゆれる点つなぎ1~20 | | | | | | | | | | | | | | | | | | | | |
| ゆれる点つなぎ21~30 | 21 | 22 | 23 | 24 | 25 | 26 | 27 | 28 | 29 | 30 | | | | | | | | | | |

<処理スピードを上げたい・注意力を付けたい>ゆっくりやればできるがスピードが遅い，やればできるのに不注意が多い等→「数える」

| 「数える」 | 1 | 2 | 3 | 4 | 5 | 6 | 7 | 8 | 9 | 10 | 11 | 12 | 13 | 14 | 15 | 16 | 17 | 18 | 19 | 20 |
|---|---|---|---|---|---|---|---|---|---|---|---|---|---|---|---|---|---|---|---|---|
| まとめる①1~20 | | | | | | | | | | | | | | | | | | | | |
| まとめる①21~30 | | | | | | | | | | | | | | | | | | | | |
| まとめる②1~20 | | | | | | | | | | | | | | | | | | | | |
| まとめる②21~30 | | | | | | | | | | | | | | | | | | | | |
| 記号探し① | | | | | | | | | | | | | | | | | | | | |
| 記号探し② | | | | | | | | | | | | | | | | | | | | |
| 記号探し③ | | | | | | | | | | | | | | | | | | | | |
| あいう算① | | | | | | | | | | | | | | | | | | | | |
| あいう算② | | | | | | | | | | | | | | | | | | | | |
| あいう算③ | | | | | | | | | | | | | | | | | | | | |

<想像力や考える力をつけたい>見たり，聞いたりする力，計算や漢字は問題ないが，応用力が弱い等→「想像する」

| 「想像する」 | 1 | 2 | 3 | 4 | 5 | 6 | 7 | 8 | 9 | 10 | 11 | 12 | 13 | 14 | 15 | 16 | 17 | 18 | 19 | 20 |
|---|---|---|---|---|---|---|---|---|---|---|---|---|---|---|---|---|---|---|---|---|
| スタンプ1~20 | | | | | | | | | | | | | | | | | | | | |
| スタンプ21~30 | 21 | 22 | 23 | 24 | 25 | 26 | 27 | 28 | 29 | 30 | | | | | | | | | | |

要因がみえてくるときがあります．例えば，特定の記号を探しながら数えていく「記号さがし」は左上から右下にジグザグに探していくと見落としがありませんが，子どもによっては，目につくところからランダムにチェックし，たくさん見落とします．子どもに気づかせることも大切ですが，筆者は指導時間を有効に使いたいので，「左上から右に向かってこうしていくといいよ」と，時にはあっさりコツを教えています．

見本を正確に描き写す「曲線つなぎ」（**図3**）も，例えば「▨」という図形が「∪」と「⌒」の組み合わせと認識できず，交点でまっすぐ進まないで，折れ曲がる方向に描いてしまう子どもがいます．脇道に逸れているうちに自分が何の図形を描いていたかわからなくなり，図形は乱れます．そのときも，コツとして，図形の組み合わせを

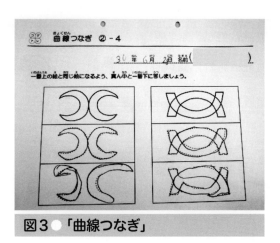

**図3●「曲線つなぎ」**

赤鉛筆と青鉛筆で色分けして描いてみせます. 何度か繰り返すうちに,「✂」を 図形の組み合わせとして認識し, 描けるようになります. COGET 課題シートで試行錯誤して学んだ"コツ"は日常生活のなかで生かされていくようです.

## 特別支援学級における コグトレ指導

　筆者の前任校の特別支援学級でも, 国語・算数の個別指導の導入に COGET 課題シートが使われていました. 以前は, 個別指導の時間が始まっても,「椅子に座らない」「自分にとって難しいと感じたら, やらない」という傾向があった子どもたちが, 教室に入るとすぐ, 机上に置かれた COGET 課題シートにとりかかるようになりました. 10 分間前後, 集中するようになり, 次の課題にもその流れに乗って, 集中力を維持し, スムーズに取り組めるようになりました. 特別支援学級の先生はその理由として,「他の支援効果もあるが, COGET 課題シートが自分のレベルに合い, 1 枚 1 枚が短時間ででき, クイズのようで楽しいからではないか」と分析していました.

　ある児童は, 他の課題シートと違って,

e-COGET にある「あいう算」(特に計算式の答えを, それに対応する「▲」や「◎」などの記号に置き換える課題) を時間がかかるため嫌がっていましたが, 答えを「平仮名」に置き換えるほうの「あいう算」で要領を得ると, 記号のプリントでも嫌がらず取り組めるようになりました. その児童は,「点つなぎ」や「曲線つなぎ」も図形の組み合わせと認識できず, 前述の子ども同様に外枠を描いていましたが, ヒントをもらいながら描くうちに図形の組み合わせとして認識するようになりました. 描けるにしたがって字形も整ってきました.

## 通常の学級における コグトレの全体指導

　担任の先生が出張などで不在時に, 代わりに教室に入るとき, 1 時間のプログラムで指導するときもありました. 前もってクラスの実態を聞き, COGET 課題シートのなかから, 実態把握に役立ちそうなものを数枚, そして,『1 日 5 分！教室で使えるコグトレ』[1] から「悩み相談室」を 1 枚用意していきました. 教室では, まず COGET 課題シートを行い,「悩み相談室」の事例に沿って班で話し合い, みんなの前で発表するまでが前半, 後半はコグトレ棒を使ったトレーニングを個人技から 2 人組, 4 人組と広げていき, 最後は大人数でキャッチ棒をし, 達成感をもたせて終了していました. ワンポイント指導なので連続性や系統性はありませんが, 普段の学習ではみられない子どもの様子が垣間見えるので, 指導しながら気がついたことは後で担任の先生にフィードバックしました.

　「人の話が黙って聞けない」「我慢ができない」子どもの指導に困っている 6 年生の先

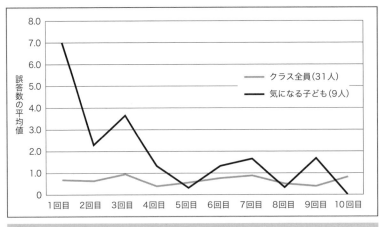

**図4 ●「記号さがし」の誤答数の推移**

生と協力して，読み上げられる文章の最初の言葉を覚える「最初とポン」を9回，先述した「記号さがし」を10回，そのクラスで集中して行ったことがありました．その後，クラスは落ち着き，卒業を迎えましたが，担任の先生は振り返って，「いつ学級崩壊が起こるかと思って心配だったが，子どもたちが落ち着いてきた，ほかにこれといった取り組みをしていないので，コグトレのおかげだと思う」と話されました．

そのクラスでのCOGET課題シートの得点をグラフ化して考察しました．筆者が興味深いと思ったのが「記号さがし」でのクラス全員（31名）と気になる子ども（9人）を抽出した結果でした（**図4**）．クラス全員の誤答数（シートの中の見落としの数）はほとんど平坦ですが，気になる子どもたちの誤答数が次第に減って右下がりになり，指導効果を表しています．

筆者が個別指導をしていた子どもに何か月かのコグトレ指導後，「Reyの複雑図形」を，描かせたときもその傾向がありました（**図5**）．

**図5a**は読みに弱さがあるが認知機能の高い子ども，**図5b**は認知機能が全体的に低い子どもです．**図5a**はもともと正確に描けているのでほとんど変わりありませんが，**図5b**は図形の認知が大きく進んでいます．この結果をみて，コグトレは認知機能全体に課題のある子どもには特に効果的に働くのではないかと感じました．

## WISC–IV知能検査のテストバッテリーとしての利用

筆者は心理職の資格をもっているのでWISC–IV知能検査もしますが，WISC–IV知能検査だけでは発達の程度が読み取りにくい場合，何枚かのCOGET課題シートをテストバッテリーとして使っています．COGET課題シートは，実際の授業場面が想像しやすく，WISC–IV知能検査で判断しにくい，その子どもの具体的な学習の癖（学習の進め方や集中力など）がつかめるように感じます．

例えば，「最初とポン」の言葉を聞き逃す子どもは，注意散漫で，先生の話し始めの言葉を聞き逃しやすいので，授業でも大事な場面ではこまめに声をかける必要があります．「記号さがし」や「あいう算」の課題シートを見た瞬間，課題が多いと感じ，集中力

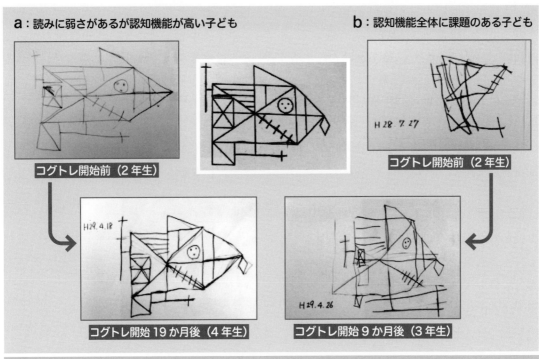

a：読みに弱さがあるが認知機能が高い子ども

b：認知機能全体に課題のある子ども

コグトレ開始前（2年生）

コグトレ開始前（2年生）

コグトレ開始19か月後（4年生）

コグトレ開始9か月後（3年生）

**図5 ● Rey の図**

を切らせてしまう子どももいます．こういう子どもには，普段の課題を少なめに提示して，やる気を持続させる必要があります．課題の難易度も大切で，"難しい"と感じると一気に意欲が低下するので，"少し難しい"課題にするとよいようです．

余談になりますが，鉛筆が正しく持てず，WISC-IV知能検査の処理速度（PSI）の数値が低くなる子どももいます．上手に鉛筆を動かせないので，素早く作業が進められないようです．単に，正しい持ち方を知らない場合は教えると改善しますが，正しい持ち方を知っても，指先の握力と巧緻性がないため鉛筆を保持できず，書いているうちに間違った持ち方に戻る子どもがいます．

この場合，指先の握力と巧緻性をつける必要があるので，COGOT の「新聞ちぎり」「ひも結び」などをします．プチプチの梱包材を両手の親指・人差し指・中指で挟み込

むように持たせ，筆者が反対側を引っ張るのを10秒間維持する，というトレーニングも行っています．

**おわりに**

筆者は2012年に臨床心理士指定大学院に進学し，臨床心理士と公認心理師の資格を取得しました．小学校教諭として長年勤め，臨床心理の知識と技能の必要性を痛感したからですが，心理の知識を得たメリットは想像以上でした．子どもや保護者と関わる視点が変わり，校内のスクールカウンセラーをはじめ，医療機関・福祉施設などの方々とも連携しやすくなりました．

WISC-IV知能検査も外部に委託することなく，校内に勤める筆者が自ら実施することができます．検査前には教室に行って児童を観察，検査後には保護者と面談，必要に応じて個別指導を開始する，という流れもできました．そして，子どもの弱さの要

因にも素早く対応することができるようになりました．心理面も視野に入れながら，認知の部分から子どもに働きかけ，自立活動を通して勉強がわかるように指導する．それがこれからの筆者の仕事だと思っています．

コグトレは，やればやるほど新たな可能性がみえてくる，すばらしいトレーニングです．

前任校でコグトレを取り入れた個別指導を開始し，現任校では通級指導教室担当として，コグトレを主軸とした通級指導を継続して行っていますが，筆者は特に「個別指導と通級指導にコグトレは最適だ」と感じています．

コグトレは，その子の認知機能の弱いところに働きかけ，「系統性と連続性」があることで，指導の積み重ねが実感できるからです．育ちざかりの子どものように，全国に勢いよく広がっているコグトレが，ただのブームに終わらず，日本の教育のスタンダードになることを願っています．

## 文献

1）宮口幸治：1日5分！教室で使えるコグトレ 困っている子どもを支援する認知トレーニング122．東洋館出版社，2016.

# 自分も子どもも育つ一斉コグトレ

野尻　薫 ● 医療法人藤美会こころのクリニックそら
加木圭司 ● 富田林市立彼方小学校

　小学校の生徒指導でコグトレの活用を提案したのは，児童間のトラブルをアセスメントした結果，「背景に認知機能の弱さが絡んでいるのではないか？」といった仮説を立てたことから始まりました．個別に聞き取りをすると状況の認識が弱かったり，児童によって大きな差があったり，また，相手の意図を正確に理解できていないなどの問題が見受けられました．小学校は対人関係について学習をする場でもあるので，ある一定のトラブルは仕方がないことなのかもしれないのですが，問題が大きくなる前に対策が必要です．日々社会経験を積んでいく小学生にとって状況認識の困難さは，学習で遅れたり，良好な集団を形成するうえにおいて課題となったりしてきます．

　学校においてコグトレは，主に支援学級で実践されることが多く，通常の学級のクラス全員で取り組むといった例はまだ多くありません．導入するにあたり，特別に取組時間を確保することが難しいため，①短時間で取り組むことができること，②できるだけ毎日取り組むこと，を基本としました．しかし，時間や内容を工夫し試行錯誤しながら取り組んでいるのが実状です．また，結果を分析し，取り組みによる児童の変化を読み取ることを大切にしました．取り組んだものは，「記号さがし」「最初とポン」「最後とポン」が中心です．シートの正誤以外にも，認知機能の弱さなどの分析を行い，児童一人ひとりのアセスメントを行いました．コグトレに対する子どもたちの反応はよく，「最初とポン」や「最後とポン」をしているときは，聞くことにとても集中しているということが真剣な眼差しからも伝わってきました．

　また，継続して取り組むことで，子どもたちの心のシグナルに気づくことにも役立っているのではないかと思う出来事がありました．ある日，いつもコグトレシートで正答率が高い児童が，その日だけ極端に低かったので違和感がありました．何かあったのかもしれないと思い，情報収集をすると，友だちとトラブルを起こしていたことがわかりました．いうまでもなくこの件はすぐに対応し解決に向かって進めることができました．

　子どもたちのなかには，自分の気持ちや感情を言葉で表現することが難しい子もいます．継続してコグトレに取り組み，分析することで，コグトレシートから教員が変化に気づき早期に対応することが可能となります．

　担当教員は，コグトレに取り組むことで児童一人ひとりのアセスメントを深め，日頃の指導が変化したとも言っていました．教員として，時として迷うことがあるなかで，今回の取り組みによるアセスメントが裏付けとなり，それまで以上に自信をもって子どもたちに関わる教員の姿を見ることができました．

　最後に，コグトレは，近年よく耳にする発達障害やグレーゾーンといわれる子どもたち，その二次障害の予防につながるものと考えています．最近の心療内科の受診傾向としては，大人になり，うつなどの発症をきっかけに受診したところ，背景に発達障害やグレーゾーンとわかったケースや，逆に，発達障害を疑い受診したところ，精神疾患を合併していたケースなどが多く見受けられます．こういったケースに対して，心身ともに柔軟性の高い児童期に医療従事者などの専門職と教育関係者が連携・協力し，支援していくことが重要と考えます．私たちは，コグトレを通し子どもたちの未来が明るいものになることを何よりも願っています．

# 第 4 章

# 医療

精神科病院
作業療法士の立場から

# 医療現場でのコグトレの在り方
## ～大阪精神医療センターでの取り組み～

佐々木智久 ● 大阪府立病院機構大阪精神医療センター

## はじめに

大阪精神医療センターみどりの森棟「たんぽぽ」は医療型障がい児入所施設であり，未就学児から小学6年生までの子どもたちが入院しています．医師や看護師だけでなく保育士や児童指導員，公認心理師や精神保健福祉士などの多職種が連携し，チームでケアに努めています．

子どもの多くは自閉スペクトラム症（ASD）や注意欠如・多動症（ADHD），被虐待体験によって自宅などでの生活を送ることが困難となり入院しています．

また，当センターでは，大阪府立刀根山支援学校大阪精神医療センター分教室（以下，分教室）がみどりの森棟に隣接されており，入院の治療的環境にありながら教育支援を実施しています．

当病棟でのコグトレは2016年に個別や小集団への関わりの一環として試用的に実施し，2017年からみどりの森棟「たんぽぽ」の中心プログラムとして実施しています．

## 当病棟でのコグトレの必要性

当病棟に入院する子どもたちの多くは，衝動性の強さやセルフコントロール力の低さ，不注意などがみられます．このような子どもたちは，他者との関係性を構築していくことが苦手であったり，認知の偏りやこだわりなどで生きづらさや不安を抱えていたりします．それらを改善，または軽減できるように生活面などでの工夫や指導，関係機関と調整をしていくことが当病棟において重要なケアの一つとなっています．

そこで，子どもたちの生活環境を自宅や施設などから当病棟に移し，子ども同士や医療スタッフとの関わりを通して個人の特性を理解しケアしています．対人トラブルや問題行動があった場合には，行動の振り返りや対処方法などを個人の特性に合わせながら繰り返し指導する（個別SST）ことで，対人スキルの向上や退院後の生活での工夫などを見出しています．

さらに，個別の関わりだけでなく，性教育やレクリエーションなど集団のなかで社会面をサポートするプログラムも実施しています．この社会面をサポートするうえでは子ども自身のソーシャルスキルの向上を図ることが重要であり必要不可欠です．そのため"キレやすい"や"忘れものをしやすい"といった特性をもつ子どもたちのケアの一つとして，コグトレをプログラムとして実施しています．

## 当病棟でのコグトレの実施内容

### 1．実施回数

　プログラムを始めた当初は，分教室の授業との兼ね合いによって高学年児の参加が困難であったため，対象は1年生から4年生までとしました．また，毎日実施することが推奨されていますが，病棟業務の都合上，週1回の集団での実施としていました．

### 2．プログラムの目標

　本来のコグトレでは，問題の正解を求め，間違ったらどこに間違いがあるかを気づかせていくことが望ましいとされています．しかし，当病棟に入院する子どもたちの特性から，正解を求めていくことは「解らない！」「もうやりたくない！」と泣いたり，プリントを破ったりといった不機嫌さを助長させる要因にもなります．それではコグトレを"嫌いなもの"と捉え，プログラムに参加すること自体に拒否的となってしまいます．そのため，「問題の正誤は問わず，静かに・座って・最後まで・集中して取り組むこと」をプログラムの導入時から現在も目標に設定しています．

### 3．プログラム参加への工夫

　プログラムに苦手意識をもち，参加することに気分が乗らず，不機嫌や不穏に至る子どももいます．しかし，ひきこもりや不登校などで，学習から遠ざかっている子どもたちを，集団の場で過ごせるようにケアしていくことは必要です．そのため，子どもによっては次回の課題プリントを事前に配布したり，プログラム当日のスケジュールなど，いつ，どのような内容を実施するのか伝えたりすることとしました．また，モチベーションを維持できるように声かけなどのフォローを行いました．そして，プログラム終了時には，おやつタイムを設け，お楽しみ要素も加えました．

　また，これまでに，お気に入りの鉛筆や消しゴムを使用したいのにできず，子どもが不機嫌になることがあったため，プログラム中の筆記用具は病棟で用意し，子どもたち全員が同じものを使用することにしました．

## マニュアルとプログラム内容の見直し

　プログラムを導入し数年が経ったところで，病棟スタッフの入れ替わりがあり，子どもへのコグトレ経験が少ないスタッフが増えました．そのため，当病棟におけるプログラムの必要性の理解が希薄となり，「本当に必要なのか？」「効果があるのか？」とプログラム存続自体を疑問に思う声と，「このままでやっていけるか？」という不安の声があがり，従来どおりのプログラム継続が難しくなる時期がありました．

　そこで，コグトレの概要や当病棟における必要性，またこれまでの経過や手技についての学習会を行いました．また，コグトレ開発者の宮口幸治先生に当センター内で研修会を実施していただきました．そして，当病棟でのプログラム課題について，子どもたちの集中力の問題から課題の順序や選別，スタッフの手技統一などについて助言をいただきました．プログラムを継続的によりよく安定し実施していくためには，人員確保と人材育成が必要であると考え，プログラム実施体制や，課題・実施方法について以下の5点について変更しました．

### 1．分教室との連携

　プログラムを実施していくうえで分教室と連携することで改善できるのではないか

と考え，病棟におけるプログラムの必要性と問題点について相談しました．その結果，分教室から時間割編成とプログラムを授業の一環として実施する協力を得ることができました．それによって病棟スタッフと分教室教員が合同でプログラムに入ることになり，実施するための人員が確保でき，なおかつ病棟業務も並行して実施できる体制を整えました．

## 2．対象の拡大

分教室の時間割編成によって対象を1年生から6年生までに拡大することができました．また，1・2年生，3・4年生，5・6年生の小グループに分けて実施していくことになりました．そうすることで少人数の子どもたちが対象となり，マンツーマンに近いスタッフ配置が可能となりました．それによって子どもが集中しやすく，また個別にフォローしやすい環境で実施できるようになりました．

## 3．手技の統一

小グループを曜日別に分けて実施していくことで，プログラム担当者の実施頻度が週3回になりました．実施頻度が増えることで，数名の担当者だけでは対応できなくなります．そのため，マニュアルや体制が変わることを全スタッフに周知し，手技の練習会を実施しました．

また当病棟に入院する子どもの特性のひとつとして"いつもと違う"と微細な変化にも脆弱で敏感に反応し，"○○じゃないとダメ"とこだわりをみせるケースがあります．そのためコグトレを実施するうえで，スタッフによって説明が違う，課題の順番が違う，方法が違うといったことがないよう微細なことでも，以下の①〜③のような手技の統一やコグトレへの理解を周知することが必

要でした．

### ① 進行台本の作成

これまでもプログラムの進行役が課題の説明を主に行い，さらに個別で説明が必要な場合にはサポート役が対応することにしていました．

しかし，進行役をするスタッフたちから"上手く説明できるか""不機嫌にさせてしまったらどうしよう"など，進行していくうえでの不安の声がありました．そのため，進行台本を作成し，それを読むことで誰でも同じ内容が伝えられるようにしました（**表1**）．

また，台本にはサポート役の動作や考えられる子どもたちの反応（鉛筆を転がす，私語，答えを言ってしまう等）を明記し，具体的なイメージをもってプログラムに臨めるように調整しました．

### ② 「○はどこ？」のパネルのめくり方

コグトレのテキストに収録されているCDから○が描かれたものを印刷し，ラミネートしたものをプログラムで使用しています．パネルは複数名の子どもを対象に見せていきます．しかし，パネルの見せ方が違えば，「見えなかった」「○○さんのやり方がいい」「見せ方が悪い」など，子どもたちの気が逸れていく原因になります．そのため，パネルの両サイドを手に持ち，上にめくっていく方法で統一しました．

### ③ 解答の確認方法

子どもたちの集中力や緊張感を維持するためにも，子どもが自身の回答を発表していくことで，プログラムに参加できていることを肯定的に捉えられるようにしています．そのため，「記号さがし」「まとめる」「何が一番？」においては，全員から回答を聞き取り，ホワイトボードに書き出しています．子どもによっては自分の回答に自信が

表1 ● 進行台本の作成

| 進行者 | サポートスタッフ | 起こりうる児童の動き |
|---|---|---|
| 最初は落書きです. | ※プリントすべて裏向きで配る. | 私語. |
| 鉛筆と紙を配るので，触らずに待っていてください. | 静かに待つ，が基本．プリント裏に落書きしていることは可とする. | 鉛筆で遊び出す. |
| | | 勝手に何かを書き始める. |
| 今からプリントの中の枠を鉛筆で塗りつぶしてもらいます. | 紙と鉛筆を配る.<br>紙や鉛筆を触る児童に机の上に置いておくよう声をかけていく. | 注意点が理解できずにざわつく. |
| 注意点は4つあります.<br>● 鉛筆は字を書くようにして持ちます.<br>● 一筆書きで塗りつぶしていきます.<br>● 紙を破りません.<br>● 枠からはみ出しません.<br>※ホワイトボードに描いてみせる. | 児に鉛筆の持ち方を見せて回る.<br>一筆書きの補足説明.<br>鉛筆を紙から離さないことを伝える.<br><br>聴いていない児へ声かけ. | 何をするか聞いていない.<br><br><br>「始め」の合図を聴いていない.<br>雄叫びを上げながら塗りつぶす. |
| それでは始めてください. | | |

もてず発言を拒否したり，あるいは他児の答えを真似て回答したりする場合もあります．しかし，「間違えていても取り組んでいることが重要であり，素晴らしく大切である」旨を伝え，子どもたちの回答を引き出しています．反対に，「この問題だけできたのに」「答えたかった」と意欲的に取り組んでいる子どももいます．そのような子どもの場合，回答できないことに対して不機嫌となりプログラムが継続できなくなるため，回答は全員から引き出すことで統一しました．

### 4．課題の選定と順序

これまでは12種類の課題を実施していましたが，分教室の時間割に合わせた40分間の授業のなかで実施できるように，コグトレの6課題に加え，ウォーミングアップとお楽しみからなる計8課題に絞りました．

選定した課題の時間配分や課題順については，認知機能の"記憶""言語理解""注意""知覚""推論・判断"からそれぞれ課題を1つないし2つ選定しました．"記憶""言語理解"には「○はどこ？」と「何

が一番？」を実施，"注意"には「まとめる」と「記号さがし」を，"知覚"には「点つなぎ」と「違いはどこ？」を選定しました．"推論・判断"においてはこれまでは実施していましたが，課題が理解できず気持ちが崩れるケースが多くあったため，プログラムからは除外しました．しかし，他者との関係性など社会性を向上させるためには"推論・判断"は欠かせない内容であるため，日々の生活で問題行為があった際に"自分や相手の気持ち""どうすればよかったか"を振り返りトレーニングとして取り組んでいます（図1）.

### 5．子どもの配席とスタッフ配置

プログラムに参加するうえで子どもたちの配席は重要と考えています．生活する病棟でも登校する分教室でも特性の強い子ども同士が常に時間を共有することで，些細なトラブルから大きなトラブルまで日々起こります．そのなかで短時間のプログラムとはいえ，配席一つで子どものモチベーションは大きく変動します．そのため，子ども同士の関係性や，子どもの落ち着きの程度

## 課題メニューの順番と目的および詳細・注意点

◎ウォーミングアップ

**落書き（力加減，空間把握，意識的に黙る，集中力） 最大 1 分**

　プリント・鉛筆を配布する．終了次第速やかに回収．

　60 秒間，枠からはみ出さない，声を出さない，一筆書きをする，芯を折らない，口を閉じる．

◎コグトレ本編

**①何が一番？．何が何番？．（聴覚性の短期記憶と文章理解）最大 5 分**

　　全 2 問出題．回答は全員から聴取する．

　　※何が 1 番の① -1 ～② -6 が終了次第，何が何番に移行する．

**②マス目埋め○はどこ？（視覚性の短期記憶，位置記憶，視空間ワーキングメモリの向上）**

　A パターン：○1 × 1 枚　○1 × 2 枚　○2 × 1 枚　○2 × 2 枚　○3 × 1 枚

　B パターン：○1 × 2 枚　○1 × 3 枚　○2 × 2 枚　○3 × 1 枚　○2 × 3 枚

　A or B パターンを選び，その中の 5 題を実施する．

**③記号さがし（注意力と処理速度の向上，衝動性コントロール）最大 5 分**

　1 枚実施　② -1 ～④ -10 まで順に実施．

　回答は全員から聴取する．

　✓させるのが目的ではなく，条件により✓させない，意識的に止めさせるのが目的．

**④違いはどこ？（共通点・相違点を把握する力の向上，パターン認識，表情認知）最大 5 分**

　1 枚実施　回答は進行役がプリントを見せながら提示する．

　別冊の解答にマーキングしたものを見せながら，スタッフが違うところを説明する．

**⑤まとめる（注意力と処理速度の向上）最大 5 分**

　1 枚実施　①～⑩を繰り返し実施する．

**⑥点つなぎ（覚える・模写する）最大 5 分**

　1 枚実施　① -1 ～③ -20 を実施する．

　定規は使わずフリーハンドで描く．消しゴムの使用は希望があればその都度貸出・回収．

◎お楽しみ

**①カップ＆ボール（注目，視覚，記憶）時間調整**

　カップ 3 つでボール 1 つから，カップ 5 つでボール 3 つ（色にも注目させる）まで計 3 ～ 4 回程度．

　色が同じ場合は，カップ 5 つでボール 2 つもカップ 5 つでボール 3 つも同じ内容となるので注意．

**②時間が余るようであれば，○はどこ？の追加出題や間違えた問題をやり直しすることで時間調整も可**

**③分教室からの道徳指導あれば実施**

2020 年 3 月作成

## 図1 ● 課題メニューの順番

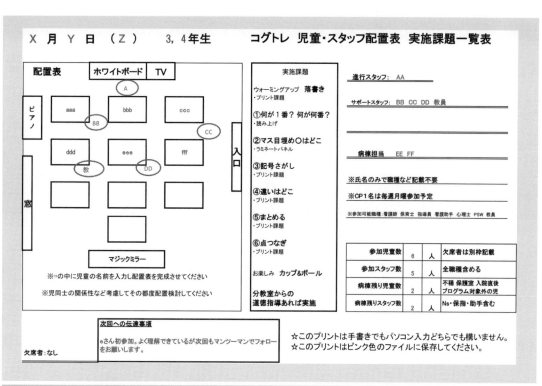

**図2 ● 子どもの配席とスタッフ配置**

などを考慮して，毎回配席をスタッフ間で話し合い，子どもたちの配置とスタッフの配置表を作成することにしました．入院して間もない子どもや，プログラム中に決まって不機嫌や気持ちが沈む傾向にある子どもに対しても，スタッフが常に近くでフォローできるようにしました（**図2**）．

## 現在までの取り組みと効果

2020年度のプログラムは，新型コロナウイルス感染症の拡大防止に伴う分教室の休校のため，6月から開始となり，例年より実施回数が少なくなりました．しかし，改訂した内容を実施することで，子どもたちが大きな不穏を呈することなく回を重ねています．そこで，今後も継続的に共同したプログラムが実施できるように，これまでの途中経過について分教室とさらに意見交換

を行いました．そこで"プログラム内のスケジュールを視覚化する"という案が出ました．これは全8課題をホワイトボードに明記し，終わった課題をホワイトボードから消していくことでプログラム終了の目安を子どもたちが把握しやすく，よりいっそう子どものモチベーションや集中力が高められると考えられ，すぐに変更し実施しています．

また，通常プログラムに加え，試験的に入院時と退院前（16回以上プログラム参加した子どものみ）にコグトレシートの点数化を行い（点数化の方法については，コグトレ中級コースのテキストを参照），プログラム実施前後の変化を数値化できるように取り組んでいます．現時点で実施した11ケースのうち，10ケースで入院時よりも退院時の点数が伸びている結果となりました（**表2**）．

❶ 精神科病院 ● 135

**表2 ● コグトレシートの点数変化**

| 氏名 | 回数 | 記号さがし | 形さがし | 点つなぎ | スタンプ | 最初とポン | 正答率 | 前回比 |
|---|---|---|---|---|---|---|---|---|
| ケースA | 1回目 | 0 / 1 | 9 /10 | 45 /72 | 3 /3 | 14 /25 | 73% | — |
| | 2回目 | 0 / 1 | 10 /10 | 63 /72 | 3 /3 | 12 /25 | 77% | 105% |
| ケースB | 1回目 | 0 / 1 | 7 /10 | 14 /72 | 1 /3 | 1 /25 | 26% | — |
| | 2回目 | 1 / 1 | 10 /10 | 31 /72 | 0 /3 | 4 /25 | 55% | 210% |
| ケースC | 1回目 | 0 / 1 | 10 /10 | 1 /72 | 0 /3 | 16 /25 | 46% | — |
| | 2回目 | 0 / 1 | 9 /10 | 24 /72 | 1 /3 | 20 /25 | 63% | 138% |
| ケースD | 1回目 | 0 / 1 | 10 /10 | 27 /42 | 2 /3 | 3 /25 | 46% | — |
| | 2回目 | 0 / 1 | 10 /10 | 26 /42 | 1 /3 | 15 /25 | 65% | 141% |
| ケースE | 1回目 | 0 / 1 | 8 /10 | 17 /42 | 1 /3 | 10 /25 | 43% | — |
| | 2回目 | 0 / 1 | 8 /10 | 28 /42 | 1 /3 | 9 /25 | 45% | 103% |
| ケースF | 1回目 | 0 / 1 | 10 /10 | 36 /42 | 1 /3 | 2 /25 | 40% | — |
| | 2回目 | 1 / 1 | 10 /10 | 36 /42 | 2 /3 | 7 /25 | 75% | 187% |

1回目が入院時（トレーニング前），2回目が退院時（トレーニング後）．正答率は各シートの正答率の平均値とした． （一部抜粋）

分教室教員にコグトレシートの点数がほとんどの子どもで向上していたことを伝えると，分教室でも各ケースにおいて学力が伸びていることがわかりました．特に「点つなぎ」が向上した多くのケースでは"写す"能力が向上しています．プログラム課題の「点つなぎ」だけでなく，子どもは遊びのなかで塗り絵をしたり，カードゲームを画用紙に模写したりして遊ぶことを取り入れていました．それらが分教室における板書を書き写す力とつながり，学力向上につながったのではないかと考えます．また，「最初とポン」が向上したケースの一人は，入院時コグトレシートの回答用紙には2〜3問の答えを記入した後，それ以降の記入はなく，落書きだらけでした．しかし，退院時の回答用紙には落書きがなく，最終問題まで記入しようとする姿がみられ，集中力が向上していました．プログラム課題を積み重ねて実施したことに加え，病棟でトラブルや問題行動があった際，端的な振り返りを繰り返し実施したことで"聴く力"や"覚える力"が向上し，その結果が集中力や学力にも

反映されたと考えます．

それらの変化や点数が向上していたことを，コグトレを受けた子どもたちに伝えたところ，笑顔を見せ大変喜んでいました．今後も継続的にコグトレシートの点数評価を導入していくかは検討中ですが，子どもの変化を数値化することで得意，不得意の把握だけでなく認知機能のどの部分にケアを行っていく必要があるか，子どもとの関わりのヒントになり得ると考えています．

**おわりに**

当病棟を退院した子どもが外来受診時に，医師へ「学校の勉強はわからないけどコグトレならできる」と発言していたそうです．その子どもにとっては当病棟で出会ったコグトレが再登校に向かう一つのきっかけになっているようです．

コグトレプログラムは，推奨されている回数や内容がありますが，入院中は他のプログラムなどもあり，そのとおり実施するのは難しいのが現状です．子どもたちにとっては，入院中に行う一つのプログラムといったものに過ぎないかもしれません．それで

も，入院の短期間のうちに“これならできる”と，自信や達成感を得ることができるのは子どもたちにとって大きな出来事です．また，それが子どもたちの地域での生活や学校に戻るためのきっかけになり得るなら，病棟で行ううえで意味のあるプログラムであると思います．今後も入院してくる子どもたちの特性を把握して自己効力感が高められるように，このプログラムを継続していきたいと思います．

# 作業療法士によるコグトレ実践

石附智奈美 ● 広島大学大学院医系科学研究科

## はじめに

本稿は，作業療法ジャーナル53巻6号[1]の内容を引用し，加筆したものです．

医療少年院に在院する非行少年たちは，かつて社会でアルバイトや仕事に精を出して頑張っていたにもかかわらず，手先が不器用，仕事の順序が覚えられないなどの理由で何度も解雇されたり，また力加減ができず，そのつもりがなくても傷害事件につながっているケースが散見されます[2]．

そこで，彼らの社会復帰を目的に，不器用さの改善を目指して考案されたのがCOGOTです．また，COGETは特に教育場面で広く活用され始めていますが[3]，作業療法においても十分に展開できるツールです．わずかではありますが，事例を通して作業療法におけるコグトレ実践を紹介します．

## 臨床における実践

### 1．就学に向けた教科学習の準備としての活用

#### ① 事例紹介

5歳7か月の女児で発達性協調運動障害の診断を受けています．家族は両親と兄．保育園では，ADLがほぼ自立しているため，加配などの支援は受けていません．就学を控え，ひらがなは読めるが字が書けないという母親の主訴から作業療法が開始されました．

**全般的発達**：日本版ミラー幼児発達スクリーニング検査では，「言語」が標準またはそれ以上，「非言語」が注意，その他はすべて危険と判定されました．特に感覚運動能力では以下の項目において著しい困難さを示しました．（　）内は実際の測定値です．「線引き（2本）」「点線引き（途中で閉眼拒否）」「片足立ち（3秒）」「線上歩行（一度もつま先とかかとを合わせられない）」「背臥位屈曲（0秒）」「舌運動（不可）」．また，複合能力の指標である人物画も危険領域に判定されました（**図1a**）．

JSI-R（Japanese Sensory Inventory Revised）では，触覚と味覚はGreenであり，それ以外の感覚はすべてYellowでした．特に固有受容覚では"頻繁にある"と採点された項目が2つあり，「おもちゃなどの物の扱いが非常に雑で，よく壊すことがある」「他人を強くつねったり，叩いたり，噛んだり，髪の毛を引っぱることがある」でした．

**運動機能**：体幹の筋の低緊張が著しく，バランスも不良です．見慣れない遊具では効率よく登ったり降りることが難しいです．動作模倣は，同側は可能ですが，正中線交差がある肢位は模倣できません．利き手は右です．

a：5歳7か月時　　　　b：6歳3か月時　　　　c：6歳8か月時

頭から上に2本伸びているのが脚で，手指は上部に離れて描かれています（a）.

**図1●人物画**

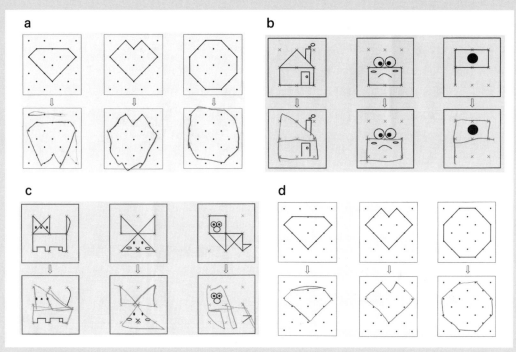

a：COGET ① -1
b：e-COGET ① -2　家の屋根の左斜めの線が描けていません
c：e-COGET ① -29　中央の絵で左斜め方向の線が描けるようになっています
d：COGET ① -1　現在

**図2●点つなぎ**

**認知機能**：田中ビネー知能検査Vの結果はIQ73でした．ひらがな，数字は読めますが，書けません．

2 **作業療法プログラム**

　字の模写の前段階として，動作模倣の獲得が必要であると考え，感覚統合的視点，コグトレのCOGOTの視点を取り入れてプログラムを考案しました．運動の困難さはあったものの体を動かすことが好きだったため，身体図式の獲得に向けて，サーキットを用いて身体を環境に合わせて使うことを促しました．特に，筋肉の収縮を促すような活動や，バランスを要求する活動を組み入れました．また，COGOTで紹介されているような動作模倣，人形を用いた姿勢の再現など，各関節や関節の曲がり具合，方向などに注意が向くような課題を遊び感覚で行いました．頻度は筆者の都合で1回／月，60分／回でしたので，家でも身体部位を意識できるような関わり方（入浴時に身体部位を口頭で伝えながら自分で見えない部位も洗ってもらう，背中に書いたひらがなを当てる遊びなど）を依頼しました．

3 **経過**

**8か月後（就学時，6歳3か月時）**：上下肢の協調運動にはまだ課題はあるものの，身体部位の認識やバランス能力は向上しました．そのときの人物画では，体幹が描かれ，体幹から手足が出ていました（**図1b**）．

　書字については，書きたい気持ちはありましたが，文字にならない曲線の連なりに留まっていました．そこで，COGOTの「点つなぎ①-1」を実施してみたところ，**図2a**となり，困難さが予測されたため，難易度の低いe-COGETの「点つなぎ」課題を実施してみました．しかし，「点つなぎ①-2」の課題であっても**図2b**（家の屋根）のように，困難さがみられました．家でe-COGETの「点つなぎ」課題を実施してもらいながら，COGOTでは上下肢を協調して使う活動や固有感覚を使う活動を行いました．

**13か月後（6歳8か月時）**：ひらがなはおおむね書けるようになり，簡単な「川」「山」などの漢字も書けるようになりました．e-COGETの「点つなぎ①-29」は，描画が複雑になってきており，まだ困難さはありますが，中央の絵はおおむね正しく模写できるようになりました（**図2c**）．また，人物画では，頸や足指の描写が増えました（**図1c**）．

**現在（9歳0か月）**：小学3年生になり学習面の遅れは認められないため，通常の学級での学習を継続しています．「点つなぎ①-1」は問題なく書けるようになりました（**図2d**）．また，片足立ちは10秒に延長し，閉眼片足立ちにも挑戦するようになっています（3秒）．縄跳びの前，後ろ飛びが継続して飛べるようになったり，靴の紐のちょうちょ結びができるようにもなりました．今後は縄跳びの綾飛びや二重飛びにも挑戦したいそうです．

**2．評価ツールとしての活用**

　小学6年生（通常の学級）の男児です．ASDとADHDの診断（6歳時）を受けています．6歳当初は，粗大運動や書字に課題がある，不注意が目立つ，集団行動が難しい，音の過敏さがあるなどの症状が認められましたが，現在はそれらの問題はほとんどみられなくなりました．

　WISC-Ⅳ知能検査の結果は，全検査97，言語理解105，知覚推理98，ワーキングメモリ91，処理速度94であり，まったく問題は認められませんでした．しかし，学校の勉強は成績不良であり，COGOTのシートを

実施してもらうと，その原因が浮き彫りになりました．例えば，「記号さがし」ではケアレスミスの多さ（**図3**），「まとめる」では数のまとまりの未獲得（**図4**），「黒塗り図形」では図形の認識の困難さなどです（**図5**）．

COGETのシートは，知能検査だけではわからない，学習に直結した困難さを見える形で示してくれるため，学習の具体的な評価として活用が期待できます．

## 学校との連携における活用

通常の学級に通うADHDの診断を受けた小学3年生の男児の担任の先生から相談がありました．"COGETをクラスに導入したが，「最初とポン」がまったく回答できず，何度繰り返しても上達しない児童がいる"とのことでした．この児童は板書ができない，聞き漏らしが多い，学習したことが積み重ならないなど，学習面のつまずきが散見されました．知的レベルはWISC-Ⅳ知能検査にてIQ70台後半，ワーキングメモリ，処理速度が60台，知覚推理は標準以上でした．また，眼球運動に拙劣さがありました．

以上より，本児童は聴覚のワーキングメモリが極めて低いこと，視覚からの情報処理は問題がないこと，眼球運動の拙劣さが起因して板書を困難にしている可能性があることがうかがえました．そのため，視覚を用いたワーキングメモリの課題であるCOGOTの「時間差模倣」「色か絵か？」を紹介して導入を勧めました．

現在，学校と連携中であり，今後の経過をまとめていく予定です．

## 家庭における活用

### 1．宿題に苦しむ事例への導入

支援学級に通う小学5年生のASD（自閉スペクトラム症）児の母親から「宿題を嫌がってしようとしない」と相談がありました．宿題は計算ドリルと漢字1ページ，という程度の量であり，能力的にも適切なレベルでしたが，本人は取り組もうとしませんでした．そのため，COGETのシートを宿題として導入することを提案し，担任の先生からも了解をもらい開始したところ，喜んで宿題をするようになりました．どの分野のシートが適切かは判断しかねたため，5つの分野（覚える，数える，写す，見つける，想像する）のシートを見せて，本人が選んだものから開始するように助言しました．

本児童は写す分野の「点つなぎ」を選択し，時間がかかってもていねいに仕上げるようになりました．それ以降，自分の氏名を丁寧に書くようになり，また担任の先生から褒められることでますます宿題への拒否感がなくなりました．導入時は2か月ほど経過を見守りましたが，その後も，COGETのシートの分野を広げて挑戦していると母親から報告がありました．

発達に課題のある子どもたちの多くは，宿題への取り組みが悪く，宿題を何とかさせようとする保護者との間で衝突が起こることが多々あります．このような事態を防ぐためにも，勉強嫌いにしないことが学習支援の第一歩であると思います．字が違う，回答が違うと指摘され，消しゴムで消すと紙が破れ，ますます叱られる，という悪循環を繰り返す前に，ぜひコグトレで机上課題の楽しさを経験してほしいと思います．

### 2．漢字が書けるようになりたいと願う 事例への導入

通常の学級に通う小学2年生のASD，ADHD児の母親から「わが子が努力はするが漢字がなかなか覚えられず苦労している」と相

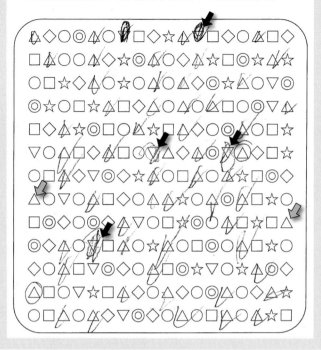

△の数を数えながら、できるだけ早く△に✓をつけましょう。

は間違って記した箇所

はチェックし忘れた箇所

**図3 ● COGET「記号さがし」**

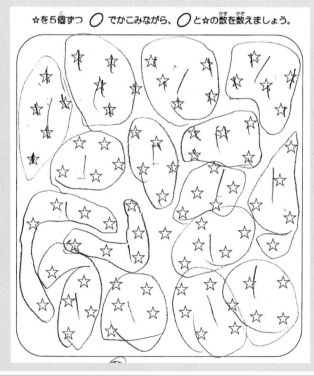

☆を5個ずつ ◯ でかこみながら、◯と☆の数を数えましょう。

星を1つずつ数えながら
5つを丸で囲んでいます

**図4 ● COGET「まとめる」**

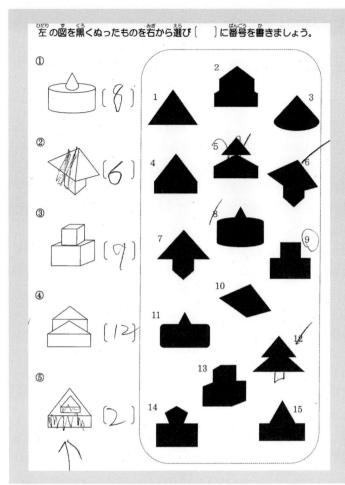

左の図を黒くぬったものを右から選び〔　〕に番号を書きましょう。

① 〔8〕
② 〔6〕
③ 〔9〕
④ 〔12〕
⑤ 〔2〕

黒く塗った図形を選択する課題ですが，解答の③〜⑤は不正解です

**図5 ● COGET「黒塗り図形」**

談がありました．COGET のシートの「点つなぎ」の導入を提案すると，すぐに開始されました．約 1 か月後には，漢字のはねに注意が向くようになり，これまで漢字テストはおおむね 20 点台でしたが，初めて 40 点台を獲得できました．現在は小学 5 年生になり，漢字テストは 50 点台を継続してとれるようになっており，また他のテスト勉強も自主的に行うようになったと報告がありました．

### 文献

1）石附智奈美：作業療法士によるコグトレ実践例．作業療法ジャーナル 53（6）：562-566，2019．
2）宮口幸治，宮口英樹：不器用な子どもたちへの認知作業トレーニング．三輪書店，2014．
3）西田久美江：小学校とクリニックにおけるコグトレの実践例．作業療法ジャーナル 53（5）：470-474，2019．

# 認知症高齢者へのコグトレ

友藤勇輔 ● 大阪精神医療センター，溝口医院

高齢者施設で脳トレのような活動を取り入れているところは少なくないでしょう．高齢者から，「頭を使って，少しでもボケるのを防ぎたい」という希望が聞かれることもあります．

認知症高齢者にコグトレを適応する利点としては，「難易度や，どの認知機能を活用するかの選択肢が豊富で，対象者の残存機能に応じた課題選択がしやすい」とか，「就学機会に恵まれなかった方でも取り組みやすい」ということが考えられます．

筆者は高齢者施設利用者を対象としたコグトレの調査を行い，認知機能検査の得点の変化と，実施時の逐語録から，認知症高齢者に導入する際の工夫や，トレーニングの意味について検討してみました．

まず中等度から重度の認知症がある高齢者では，身体・認知機能の低下への配慮が欠かせません．例えば，用紙を大きくする，取り組んでいる問い以外が目に入らないようにする（注意が他へ逸れるのを防ぐ），1種類の課題に絞って行う（ルール理解の切り替えが難しい場合がある）といったことです．

COGET の課題を例にあげると，「まとめる」や「記号さがし」は，ルール理解やワーキングメモリの問題から，中等度以上の認知症だと難しいようでした．一方，「点つなぎ」「曲線つなぎ」「くるくる星座」などは，重度の認知症があっても，サポート次第で実施しやすい課題でした．頭の中で考えるよりも，書くという動作を主にした課題のほうが，認知症が進んだ場合でも実施しやすいのでしょう．「○はどこ？」は，紙よりもパソコンの画面で表示したほうが，直感的にルールがわかりやすいようでした．

効果の面では，筆者の調査では参加者数が少なく統計的な処理ができなかったこともあり，コグトレ導入の前後で認知機能検査での大きな変化を確認できませんでした．強いて言うなら，認知症が進んでいる場合には，注意や記銘といった，より基礎的と思われる認知機能に焦点を当ててアプローチするほうが，課題に取り組みやすい分，認知機能が刺激されやすいかもしれません．ただ，認知症を対象とした認知機能トレーニング全般に，はっきりとした効果があるとはいまだ確認されていないので[1]，コグトレにも認知機能の維持効果があるか否かは，今後，検討すべきことだと思います．

一方で，逐語録からは，語りに大きな変化があった方もおられました．最初は，「できなかったら頭がパーだと思われる」と失敗を恐れがちだったのが，次第に「できるかどうかは別として，挑戦したい」と言い出し，最後には「思い切ってやったら，自分のバカも想像するほどでもないと思った．それからは気が楽．やらなかったら，もうできないと思い込んだままだった」と心持ちに変化が生じたようでした．

認知症高齢者にコグトレを行う際は，このような，失敗を恐れることにどう寄り添うかも大きなポイントになるでしょう．これを巡るやり取りが深まれば，心理療法のような意味も生み出すことができるかもしれません．コグトレは，認知症の進行した人へ心理学的援助を行っていく際の一つの媒介としても，使えるのではないかと感じられました．

## 文献

1）朝田　隆：知的活動による認知症の進行抑制．老年精神医学雑誌 28：44-50，2017．

# その他

矯正施設

学習塾・フリースクールなど

# 一般就労と福祉的支援の狭間にある少年院在院者に対するコグトレの実践

久保木祐樹 ● 広島少年院

## 当院におけるコグトレの内容

広島少年院では，2019年度（平成31年度）から広島大学大学院の指導を得て，認知機能が弱い，感情統制が苦手などの特徴を有し，一般就労と福祉的支援の狭間にあると考えられる在院者に対して，COGOT，COGETおよびCOGSTを組み合わせたコグトレを実施し，出院後の安定的な就労に向けた身体面，学習面および社会面からの包括的支援を行うことにしました．

当院におけるコグトレは，約3か月間，毎週1回90分，全14単元，1グループ当たり8名程度の集団指導で実施するとともに，毎日，各対象者には，それぞれの認知機能レベルに応じた宿題に取り組んでもらいました．

指導計画は**表1**のとおりです．各単元において，身体面および学習面のトレーニングを行ったうえで，社会面のトレーニングを行うこととし，対象者の達成レベルに応じた課題を実施しました．

## 事例紹介

ここでは，広島大学大学院および保護観察所の協力を得て，出院後の追跡調査を実施したA少年の事例を紹介します．

## 1．プロフィール

本件非行：暴行．

年齢：16歳（プログラム開始時）．

IQ：102（入院時）．

診断等：自閉スペクトラム症．

処分歴：少年院送致2回．

## 2．在院中の経過

### ① プログラム開始前

プログラム開始前は，不自然に無表情な場面が散見され，他者の表情や場の雰囲気を察知して行動することができないなど，表情を通じた情緒交流の困難さが目立ちました．

また，他者の些細な言動に対して腹を立て，自分の感情を抑えられなくなる場面がありました．

### ② プログラム実施中

プログラムを開始した当初は，COGSTにある「この人はどんな気持ち？」[1]の人物の表情について，「困っている」などと断片的な表現しかできなかったのですが，課題への取り組みを通して，状況を想像したうえで，人物の感情を具体的な言葉で表現することができるようになりました．

### ③ プログラム終了後

プログラム終了後は，普段の生活場面において，相手の顔を見て，優しい表情で自

## 表1 ● コグトレ講座（集団指導）指導計画

| 単元 | 指導項目 | 単元 | 指導項目 |
|---|---|---|---|
| 1 | オリエンテーション | 8 | 対人関係スキル②（自己理解②） |
| 2 | 感情のコントロール①（他者の感情理解） | 9 | 対人関係スキル③（頼みごと） |
| 3 | 感情のコントロール②（複数の他者の感情理解） | 10 | 対人関係スキル④（謝罪・拒否） |
| 4 | 感情のコントロール③（考え方の変容） | 11 | 問題解決法①（結果が決まっているケース） |
| 5 | 感情のコントロール④（他者へのアドバイス） | 12 | 問題解決法②（結果が決まっていないケース） |
| 6 | 危険予知 | 13 | 問題解決法③（次からどうする？） |
| 7 | 対人関係スキル①（自己理解①） | 14 | まとめ |

分の意見を述べるなど，表情を通じた情緒交流が観察されるようになりました．

また，自分の思いどおりにならない場面であっても，冷静に，落ち着いて対処する様子が観察されました．対人関係においても，心のとげが抜けたかのように，本人がもともともっていた素直で人懐っこい面が表に出てくるようになりました．

出院直前に，「少年院生活でプラスになったこと，マイナスになったこと」というテーマで作文を書いてもらったところ，A少年は，「少年院生活でプラスになったことはいろいろとあります．例えば，コグトレもそうですが，この授業に参加していくなかで，自分の判断が早くなったような気がしました」と記述し，コグトレによる成長をA少年本人も感じていることがわかりました．

4 認知機能を評価する検査の結果

プログラム実施前後に認知機能を評価する各種検査を実施したところ，認知評価システム（DN-CAS）の全検査の標準得点が86から98へと向上し，成人版表情認知検査の正答数が32問中6問から17問へと増加しており，認知機能の向上がA少年に変化をもたらしたと推認される結果が得られました．

### 3．出院後の追跡調査

A少年は，出院後，複数回の転居を経て，1年間が経過した時点においては，現場作業員としての就労生活が満4か月間継続し，おおむね安定して働くことができるようになりました．

出院して1年間が経過した時点で，A少年に対してアンケート調査を実施しました．A少年は，アンケート内の「コグトレに取り組んだことが社会生活でどのように生かされていますか」という質問に対して，「イライラしても，ちょっとは我慢できるようになった」と回答するとともに，「山あり谷ありマップ」を作成し，現在の状況を肯定的に受け止めていました．

A少年について，在院中に行動変容が観察されたこと，プログラム実施前後で検査値が向上したこと，在院中にコグトレの効果に関する発言がなされたことなどの一連の事情を考慮すれば，コグトレの実施が現在の良好な状況をつくり出した要因の一つであると考えられます．

### 4．「山あり谷ありマップ」の比較からみえてきたこと

A少年の「山あり谷ありマップ」について，プログラム開始前に作成したもの（図1）と出院して1年間が経過した時点に作

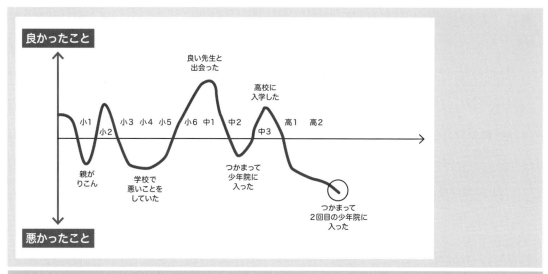

**図1●A少年がプログラム開始前に作成した「山あり谷ありマップ」**

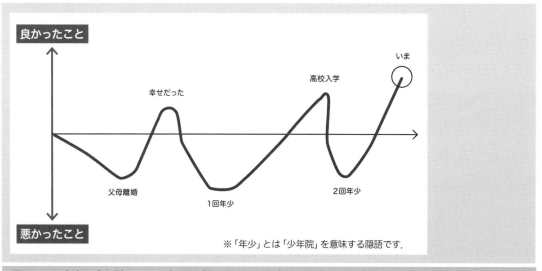

**図2●A少年が出院して1年間が経過した時点に作成した「山あり谷ありマップ」**

成したもの（**図2**）を見比べたところ，プログラム開始時は，2回目の少年院生活を最も「悪かったこと」として線を描いていましたが，出院して1年間が経過した時点では，2回目の少年院生活を1回目の少年院生活よりも悪くないものとして線を描いており，「いま」を最も「良かったこと」として線を描いていました．

つまり，出院して1年間が経過した時点

で，2回目の少年院生活は多くの成長が得られたなどの理由から，1回目の少年院生活よりは悪くなかったと考えるようになり，思考における認知の修正が行われたのではないかと推測できます．

また，「いま」の時点が，入院前の生活を含めて，これまでの人生で最も「良かったこと」として線が描かれていることについては，コグトレを含めた矯正教育が一定の

表2 ● コグトレの効果に関する各対象者の発言

| 効果の内容 | | 各対象者の発言 |
|---|---|---|
| 身体面 | 身体的不器用さの改善 | （A少年）配食活動で，机にヤカンを静かに置けるようになりました．配食活動でも，以前は雑にやっていたけど，ヤカンやお皿を優しく机の上に置くことができるようになりました（B少年も同旨）． |
| 学習面 | 覚える力の向上 | （A少年）数学の勉強をするときに，公式を覚えて，何分か経った後でも，その公式を見直すことなく公式に当てはめて考えられるようになったので，すごく効果があったと思います． |
| | 見る力の向上 | （C少年）これまで漢字をがむしゃらに書いて覚えていたけど，よく見て覚えられるようになりました（B少年も同旨）． |
| | 聞く力の向上 | （A少年）以前は，人の話を上の空で聞いているところがあったけど，今は，人の話をきちんと意味を考えながら聞けるようになりました．<br>　また，何か作業をしているときは，以前は，先生から言われたことがゴチャゴチャした感じで聞き取れなかったけど，コグトレを受けてからは，作業しながらでも先生の話を聞けるようになりました（B少年，C少年，D少年も同旨）． |
| | 想像する力の向上 | （E少年）本を読む際，以前は読むのが疲れたり，飽きたりすることが多かったけど，主人公の気持ちを想像しやすくなり，読みだしたら止まらなくなりました．想像力や集中力が身についたのだと思います（F少年も同旨）． |
| | 数える力の向上 | （G少年）配食活動では，今までは皿の枚数を数えるときに，不安で何度も数えていたけど，コグトレを受けてからは，1回数えて確信をもてるようになりました（B少年，H少年も同旨）． |
| | ワーキングメモリの向上 | （B少年）集会で板書をするときに，以前は，手を止めないと発言内容を聞き取れなかったけど，板書しながらでも発表者の発言内容を聞き取れるようになりました．また，聞いた内容を覚えておいて，あとからでも，それを思い出してホワイトボードに書けるようになりました． |
| | 注意力・集中力の向上 | （A少年）日記を書くとき，以前は，なかなかペンが進まず，時間が経つのが遅かったけど，今は，日記中に「もう40分も経ったのか」と驚くことがあるなど，集中力が身についたことを実感しています（F少年，G少年も同旨）． |
| 社会面 | 表情を通じた情緒交流 | （A少年）人の表情をよく見て，人に合わせた行動ができるようになりました．自分の表情のバランスを意識することもできるようになりました． |
| | 問題解決能力の向上 | （F少年）縫工班の実習で，まずは荷物を片付けて，アイロンの作業をして，という具合に，優先順位や段取りを考えて作業できるようになりました． |
| | 危険予知能力の向上 | （A少年）以前は，机の角とか，物の上とか，不安定なところでもお構いなしで物を置いていましたが，ここに物を置いたら崩れそうだなとか，危険を予測して，物を置く場所に気を遣うようになりました． |
| | 衝動的な行動の制御 | （A少年）以前は，感情的なときほど視野が狭くなっていたと思いますが，イライラしたときでも，一息置いて行動できるようになったと思います（B少年，C少年も同旨）．<br>（A少年）以前は，思いつきでKY発言をしがちな面がありましたが，KY発言にストップをかけられるようになりました． |

成果を上げた証であると思われます．

　なお，A少年を担当する保護観察官に対して，出院して1年間が経過した時点の状況を問うたところ，「"山あり谷ありマップ"に少年が記しているように，不遇な境遇も冷静に振り返ることができ，そのうえで現在の生活や今後を肯定できていることが少年の"強み"であるといえます」と回答がありました．

　このように，A少年の現在の"強み"は以前より適切に自己理解できるようになったところであると考えられます．

## 複数の対象者との個別面接からみえてきたこと

プログラム終了後，A少年を含めた複数の対象者と面接したところ，**表2**のとおり，各対象者がコグトレのさまざまな効果について発言し，コグトレが日常生活や職業指導などの各場面において生かされていることが明らかとなりました．

## 少年院におけるコグトレの意義

### 1．治療的指導であること

発達上の課題を有する在院者の支援者である我々矯正職員は，個々の在院者の発達特性を見極め，障害の程度や各自が抱える生きづらさに対応した治療的指導の視点をもつことが重要です．コグトレは，そういった視点を前提としたプログラムであるといえます．

例えば，自閉スペクトラム症では，「気持ちの切り替えが苦手である」「その場の雰囲気が読めない」などの特徴が挙げられます．コグトレは，刺激に応じて動作の切り替えをしたり，自分とは別の立場からの見方を想像したりといったトレーニングがあり，そのような個々の特性に応じたトレーニングを選ぶことで発達支援を行えると考えられます．

### 2．就労場面での効果が期待できること

当院におけるコグトレは，対象者の「聞く力，見る力，想像する力」などの認知的な能力を向上させることで対象者の社会適応力を底上げするプログラムです．少年院在院者の認知的な能力を高めたうえで社会復帰させることで，その者が職場不適応などで離職することを防ぎます．

さらには，就労の経験自体が認知的な能力を高めるトレーニングの機会となることで，時間管理能力や問題解決能力などの，より高次の能力を身につけることにもつながり，結果的に，長期的な就労継続へとつながり得ると考えられます．

### おわりに

本稿では，A少年の事例を取り上げましたが，他の在院者にも共通する効果が認められましたし，対象者ごとの特徴的な効果も認められました．つまり，コグトレは，効果の質や程度の差こそあれ，各自の苦手な部分に効果を及ぼすプログラムであり，発達上の課題を有する在院者にとって，社会適応に向けた認知的な能力の底上げという教育的ニーズに対応する有効なプログラムの一つであると考えられます．

### 文献

1）宮口幸治：1日5分！教室で使えるコグトレ　困っている子どもを支援する認知トレーニング122．東洋館出版社，2016．

# コグトレ塾・子どもplus教室での コグトレ実践例

長谷川佳代子 ● こどもげんきけいかく かなえる教室 江坂 コグトレ塾
太田麻衣 ● 子どもplus教室 まなびplus

## 塾と教室のコグトレ活用

コグトレ塾（以下，当塾）は大阪府吹田市にあるコグトレ専門の塾です．現在スタッフ3名とも作業療法士です．当塾は保険外事業のため，制度の枠に関係なく，利用できます．対象は小学1年生（年長を含む）から中学3年生までの，通常の学級に在籍している子ども，通級指導教室を利用している子ども，支援学級に在籍している子ども，放課後等デイサービスなどの福祉サービスを利用している子どもが在籍しています．入塾に際し，認知機能のアセスメントとして，知能検査（WISC-IV），図形の模写，コグトレシートを用いています．クラスは1回90分で，16回を1クールとしています．トレーニング内容はCOGOTとCOGETを実施，毎回クラス終了後に宿題を配布しています．

一方，子どもplus教室（以下，当教室）は，療法士によるコグトレを取り入れた学び・育ちの支援教室として2021年1月現在，東京都内5拠点に教室を構えています．当教室は学習支援を目的とした認知機能の基盤をつくる「まなびplus」，言語聴覚士がコミュニケーション・言語指導を行う「ことばplus」，読み・書き・気づきにつながる視機能を鍛える「ビジョンplus」を主なサービス内容として，制度の枠や障害の有無にとらわれず，支援を必要としている子どもや保護者のニーズに応える支援を目指しています．

本稿では，学習や生活面での困りごとを主訴とした女児が，認知機能の状況に応じたコグトレに取り組んだことで，学習面だけでなく生活面にまで変化がみられた事例（Case.1）と，学習への困りごとを主訴とした男児が，「まなびplus」においてコグトレを取り入れたことで，学習への取り組みに変化がみられた事例（Case.2）をご紹介します．

## コグトレ実践例（Case.1）

### 1. 事例紹介

**基本情報・生活歴**

年齢：7歳8か月（初回評価時）．

性別：女児．

診断名：なし（ADHD疑い）．

家族構成：父，母，本児．

療育歴：なし．通常の学級に在籍．2週間に1回の頻度で通級による指導（他校通級，コグトレを含む内容）を受けていた．

両親より聴取した生活面・学習面の様子：1年生の学習内容についていけているが，作

第5章 その他

業スピードが遅いことや集団の場で指示の聞き取りの苦手さなどがある．授業中はすぐに別のことを始めてしまうため，担任が2分おきくらいで声かけを行っている．親が付きっきりで宿題をみていても途中で寝てしまうことがある．本読みは，行を飛ばしたり，勝手読みをしたりすることがある．計算が苦手．縄跳びが苦手．2年生からは通級による指導を終了することが決まっている．

両親の思い：通級指導から離れることに不安を感じている．年齢相応に，集団の場で活動ができるようになってほしい．見通しをもった行動と，少しでも課題のスピードが速く（処理速度の向上）なればと思っている．

## 2．評価

### 運動機能

柔軟性や体幹の筋力は特に問題ありません．コグトレ棒の先端で身体部位に触れることや腰の後ろで棒を持ち替えることはできます．しかし，棒を背中の上から下へ受け渡す棒回しなど，複数の関節の協調的な動きが必要な動作は苦手で，身体の使い方は不器用でした．物のコントロールは苦手で，棒運動の縦半回転では棒を投げると前方や後方に飛んでしまい，キャッチできないことも多くみられました．動作模倣は良好で正中線交差がある肢位模倣（COGOT参照）も可能でした．

### 認知機能

WISC-IV知能検査結果：FSIQ 110台，VCI 110台，PRI 100台，WMI 110台，PSI 100台．

### COGETシート

● 「最初とポン①」：4点/10点　2文課題で覚えられたのは1個のみ．

● 「何があった？①」：見て覚えることが苦

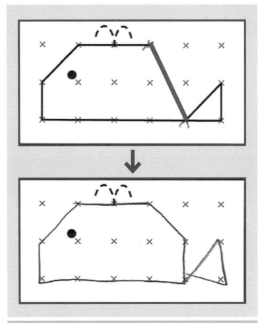

**図1 ● 「点つなぎ② -17（e-COGET）」**

手．正方形「□」の図形を丸「○」と描く．見ながら描くと正しく描くことができる．

● 「記号さがし①」（e-COGET）：目についたところからリンゴをチェックしており，最終的には正しく6個チェックできているが，30秒かかり，1個の数え間違いもある．

● 「点つなぎ② -17」（e-COGET）：斜めの線，特に点を通過しない長い斜めの線の知覚が苦手（**図1**）．

## 3．評価の解釈・目標

認知機能面では，理解力はあり，聞く準備ができていれば，言語指示で課題遂行は可能でした．言語の概念形成や知識はありますが，適切に表現することが苦手でした．知覚処理に時間がかかり，見て覚えることが苦手なため，黒板を写すなどの作業は時間がかかっているようです．また，視線の転導が生じやすいことが，本読みでの行飛ばしに影響している可能性があります．繰り上がりのない足し算で指を使っているこ

とから数をまとまりとして捉えきれていない可能性があります.

運動面では，物を持つと手関節の分離動作がスムーズに行えなくなり，力のコントロールや方向が定まらなくなることで，縄跳びでは肩関節を大きく動かしてしまうことにもつながっていると考えられます.

そこで，まずは，①注意を向けて聞くことができる，②列に沿って視線を動かし，二重課題ができる，③視覚情報を正しく入力し，判断，出力することができる，④数の概念を養い計算が早くできるようになる，ことを目標にしました.

## 4．プログラム

1回／週，90分／回（COGOT 20〜30分，記憶課題20分，休憩10分，COGET 20〜30分）を実施しました.

### COGOT

● 聞く力：色か絵か，閉眼片脚立位でのバランス運動.

● 物のコントロール：棒運動（縦半回転），棒回し（背中での受け渡し），みんなでキャッチ，ブロック積み，新聞ちぎり.

● 視覚性の記憶：姿位模倣.

● 言葉で表現する：姿位伝達.

### COGET

①注意を向けて聞くことができる

「最後とポン」「最初とポン」「何が一番？」.

②列に沿って視線を動かし，二重課題ができる

「記号さがし」「漢字かぞえ」.

③視覚情報を正しく入力し，判断，出力することができる

「点つなぎ（e-COGET, COGET）」「ゆれる点つなぎ（e-COGET）」「形さがし（e-COGET, COGET）」「同じ絵はどれ？（e-COGET）」「黒ぬり図形（COGET）」「重なり図形

（COGET）」.

視覚性の記憶：「何があった？」「数字はどこ？（COGET）」.

④数の概念を養い計算が早くできるようになる

「まとめる（e-COGET, COGET）」「さがし算（初級）」「あいう算（e-COGET）」.

①〜④の目標を中心に，徐々に難しい課題ができるようになってきたら，頭の中の視覚イメージを操作する「スタンプ（e-COGET）」や，言葉で表現するために「物語つくり（漢字コグトレ）」，熟語を見つける「漢字つなぎ（漢字コグトレ）」も追加していきました.

## 5．結果

1クールを通して（宿題を含む）538枚のコグトレシートに取り組みました．期間は，通常は16回を1クールとしているため約4か月の施行になりますが，今回は新型コロナウイルス感染予防のためオンライン授業5回を含む全21回のトレーニング（計5か月）を行いました.

### 運動機能

棒回し（背中での受け渡し）がスムーズになり，棒運動（縦半回転）は連続5回以上キャッチができるようになりました．しかし，みんなでキャッチでは，受け取る側を見て集中していると，同時に相手に投げるときは方向が一定せず，相手が受け取りにくいという課題があります.

### 認知機能

●「最初とポン①」：10点/25点．集中して聞いて覚えられるようになり，2文課題は2個とも覚えられることも増えてきました.

●「何があった？⑥」：複数の図形が組み合わさった複雑な図形も見て覚えられるようになってきました.

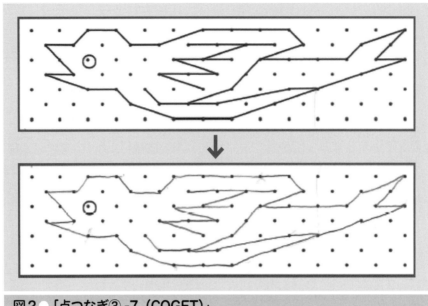

**図2 ●「点つなぎ③-7（COGET）」**

- 「記号さがし①②③（e-COGET）」：注意の転換が必要な課題「記号さがし③」もミスなくできるようになりました.
- 「点つなぎ③（COGET）」：点の位置関係を正しくとらえられるようになり，ミスなくできるようになりました（**図2**）.

### 1クール修了時の生活での変化

（本人が感じたこと）

- 黒板を写すのが速くなった.
- 図形問題がわかるようになった.
- 文章を読んで理解できるようになった.

（保護者が感じたこと）

- 集中力が向上し，宿題に1人で取り組めるようになった.
- 以前より話を聞くことができるようになった.
- 縄跳びでは，肩関節の動きは以前より小さくなり，肘の高さで回せるようになった.

（保護者が担任の先生から聞いたこと）

- 1年生のときからの持ち上がりの担任より「（国による長期休校要請明けに）見違えるように変わりましたね」と言われた.

- 読解力が向上し，国語の授業中に発言ができるようになった.
- 授業中2～3分おきの声かけをしなくても集中できるようになった.

　注意力や聴覚的な記憶力がついたことで，先生や保護者に注意を向け，話を聞きながら整理して理解できるようになったと思われます. また，見てわかることが増え，視覚処理の速度が向上し，さらに視覚的な記憶力がついたことで，黒板をノートに写す正確さと速さにつながったと考えられます.

## コグトレ実践例（Case. 2）

### 1．事例紹介

**基本情報・生活歴**

年齢：9歳10か月（初回評価時）.

性別：男児.

診断名：なし（LD疑い）.

家族構成：父，母，兄，姉，本児.

療育歴：なし.

主訴（母より聴取）：読み書きが苦手で，特に模写に対して苦手意識が強い. 同年齢の

子とのコミュニケーションがうまくとれず，自尊心の低さもみられている．不登校傾向もある．

## 2．評価

### 初回面談時の様子

やや緊張が高く，母に促されながら渋々入室していました．スクリーニングとして，運動・書字能力・認知・コミュニケーション面のアセスメントを実施しました．課題に対しては，すぐに「やりたくない」「字わからないし」などの発言が聞かれ，苛立つ様子や逃避する傾向がありました．また，初めての環境や時間制限を伴う課題に対して苦手意識が強いことがうかがえ，特に書字に対しては強いコンプレックスを抱えている様子が見受けられました．

一方で，本人の好きなゲームの話題を投げかけると，笑顔とともに積極的に話をしてくれる場面がありました．

### 運動機能

運動課題全般において，視覚・聴覚情報を処理しながらの動作の切り替えはスムーズさに欠けていました．

- 立位・座位姿勢：骨盤後傾を伴う猫背姿勢．
- 体幹の安定性：背臥位屈曲11秒・上体起こし30秒中5回．
- 柔軟性：長座体前屈にて骨盤後傾，胸腰椎部が丸くなる代償を伴い，大腿部後面の筋の柔軟性低下あり．
- バランス：片脚立位では，開眼時は左右ともに60秒，閉眼では10秒未満．タンデム歩行では，足元に注目しているときはスムーズに進むことができるが，視線を正面に向けると全身の緊張が高くなり不安定となる．
- 協調運動：コグトレ棒の操作では，手首

の分離した動きが不十分で，投げる高さや強さにばらつきが生じ，棒をコントロールすることや相手との距離に合わせて投げることが難しい．

### 認知機能

WISC-IV知能検査結果：FSIQ 88，VCI 115，PRI 87，WMI 71，PSI 76．

- 「最初とポン①」：0点/25点．集中力やモチベーションが持続しないこと，書けないひらがながあったことで意欲が低下し，結果的に未回答．
- 「記号探し①-1」：2分7秒．見落とし2，誤チェック1．
- 「点つなぎ①-3（e-COGET）」「点つなぎ①-4（COGET）」：**図3**，**図4**参照．
- 「形さがし①-1」：9個．1つとなりの点を結んでいる．

## 3．評価の解釈

本児は，視覚から入力された情報を構成することや視覚情報を基に身体や道具を操作することに苦手さが認められました．また，周囲のわずかな物音や他者の言動などに注意が向いてしまう傾向もあり，作業場面では細かな部分に注意が行き届かなかったり，思い込みで行動してしまったりすることがミスやエラー（失敗）につながってしまう様子が多く認められました．失敗体験の積み重ねから，自信のなさや無気力につながっている様子もみられ，新しい課題や集団に入ることに不安や緊張を示すこともありました．

一つずつていねいに積み重ねて自信をつけてもらうことと，注目するポイントや覚えやすくする工夫などを伝えながら，形や図の構成を正確に捉える力を身につけることを目標としました．

感覚・認知面の弱さに加えて，腹筋群の

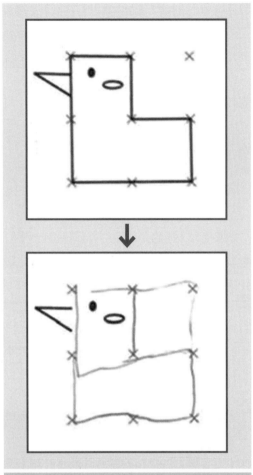

**図3 ●「点つなぎ① -3（e-COGET）」**

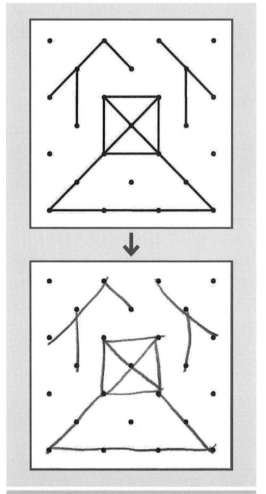

**図4 ●「点つなぎ① -4（COGET）」**

弱さや身体の硬さなどの身体機能面の問題
も，姿勢の制御の苦手さやボディイメージ
の曖昧さにつながっていることが推察され
ました．柔軟性の獲得や体幹筋を向上させ，
バランス能力を強化することを目標としま
した．また，本人から時計が読めないとい
う訴えが聞かれたため，時計の読み方も課
題として加えました．

## 4．プログラム

　週1回来校，1回90分で，COGOT，COGET
を中心に下記プログラムを実施しました．

**運動課題（30分）**

①ストレッチ

長座体前屈・開脚側屈・あぐら前屈．

②体幹運動

Ｖ字腹筋・背筋・四つ這い姿勢保持・プ
ランク（フロント・サイド）．

動物歩き（四つ這い・高這い・しゃがみ
座位）．

③全身運動（中あて・たるえだ・鬼ごっこ）

中あて：四角形のコートの中で転がって
くるボールをよける．

たるえだ：口頭指示に合わせて動きを変
える．

鬼ごっこ：机や椅子を障害物に見立てた
環境で動物歩きやケンケンで逃げる．

④キャッチ棒・キャッチボール

キャッチ棒：1人，2人，複数人でそれぞれキャッチ棒を行う．

キャッチボール：右手・左手でのキャッチボール，指定位置でワンバウンドさせる．

⑤姿位模倣・姿位伝言

### 認知課題1（15分）

● COGET より「覚える」

①視覚性の短期記憶 「○はどこ？」

②聴覚性の短期記憶と文章理解「最初とポン」「何が一番？」

### 認知課題2（45分）

● COGET より

①「写す」

「点つなぎ（me-COGET, e-COGET）」，「曲線つなぎ（e-COGET）」．

②「見つける」

「形さがし（e-COGET）」，「形さがし」「黒ぬり図形」「重なり図形」「違いはどこ？」（以上，COGET）．

③「数える」

「まとめる」「記号さがし」「さがし算（初級〜中級）」（以上，e-COGET）．

④「想像する」

「スタンプ」「順位決定戦」「物語つくり」（以上，COGET）．

● それ以外

⑤時計課題

### 5．結果

運動課題，机上課題ともに，視覚情報のみ・言語指示のみでは動作（実行）につながりづらいため，声かけと作業の見本を組み合わせて提示するよう工夫しました．理解度を確認し，本児のペースに寄り添いながらサポートを継続することで主体的に参加できる場面が増えています．生活面では，自信がついたためか，少しずつ学校にも行くことができるようになりました．以下に運動，認知面について経過と結果について述べます．

### 運動機能

運動の切り替えやイメージを苦手としていましたが，一つひとつの動作を止めることを意識するように伝えることによってスムーズに取り組むことが可能となりました．苦手な課題であっても逃避行動などなく取り組めることが多くなりました．キャッチ棒も，相手との距離を踏まえて，適切な力加減で投げることができるようになりました．棒の向きや投げ方などはコントロールの苦手さがあり，今後の継続課題となります．

### 認知課題

「点つなぎ」などの「写す」課題は，指導者が見本に赤線を引き，本児にも同じ箇所を書いてもらうなど，難易度を調整しながら取り組んでもらいました．

図を正しく認識するために間違いなどは適宜声かけを行うことで気づきを促しました．初回と比較し，間違いに対しても苛立つ様子は減り，柔軟に対応できるようになりました．宿題も合わせて約300枚程度のコグトレシートに取り組んでもらいました．「覚える」課題は，注目するポイントを事前に伝え，注意しながら聞くように促すことで，文章の中から必要な情報を適切に記憶することができるようになりました．ひらがなのバランスや，漢字の書き取りなどはまだ課題が残りますが，全体的な耐久力や意欲が向上し，課題への取り組みに前向きな様子がみられるようになりました．

その他，時計課題については，長短の針の役割を絵や実際の時計を使って読み取

練習を実施しました。5の段の九九は習得していたため，長い針が1〜12の数字を指すときの分の読み方を5の倍数にするとわかりやすいなどのポイントを伝えました。時計もゆっくりであれば読めることが増えています。

## 2つの事例のまとめ

Case.1は知能検査の数値だけでは支援につながらないことが予測される事例でした。しかし，学習面や生活面に課題があり，認知機能をていねいに評価することで，アプローチすべき課題が浮かび上がってきました。課題を焦点化することで，21回という限られたトレーニング回数ではありますが，弱さのあった認知機能が強化され，勉強面や生活面にも変化が現れてきました。

Case.2は教室での関わりやコグトレシートの達成が自信になり，不登校からの学校復帰という結果につながりました。ほかの子どももそうですが，できることが増えたということを自分自身で気づくことも多いです。できるようになったという自己評価は自信にもつながります。コグトレは楽しかったと言ってくれる修了生がほとんどなのは，こういうことが要因なのだと感じています。認知機能に偏りがあり，学習や日常生活に困りごとを抱えている子どもに対し，一人ひとりのペースや発達の特性を適切に評価したうえでコグトレを行うことで，本人の能力を伸ばし，さまざまな環境に適応できる力を育てることができる可能性が示唆されました。

# 陽気塾におけるコグトレの実践

西山　肇 ● 陽気塾

陽気塾は，高知県高知市にあり，高知駅から徒歩10分という交通の便利な場所で，付近にK小学校，J中学校がある文教地区にあります．塾生の構成は小学1年〜高校3年（既卒も含む）の"学習塾コース"と高校中途退学者を支援する"セカンドチャンスコース"，それに社会人も含めた"カウンセリングルーム陽気"も併設しています．当塾の歴史は1999年3月1日に設立し，今年で22年目となります．

## コグトレを導入した経緯

筆者は大学卒業後，高知市内の進学塾の日野塾へ入社しました．この塾はエリート養成塾であり，卒業生は県内外の難関校へ進学する生徒ばかりでした．しかし，難関校へ進学後に不登校から退学，あるいは不良化した生徒の相談を受けることが多くなり，その後，保護司の委嘱を受けました．並行して，日高村の教育委員会に勤務することになり発達障害のある子どもたちと接することになりました．

日野塾時代の生徒への対応ではまったく効果がないことに驚嘆するとともに己の無力さを知りました．心理の勉強の必要性を感じ，高知刑務所の就労担当カウンセラーとして勤務することにしました．矯正施設では，簡単な計算ができない，図形が描けない，認知機能に問題がある人の多さに驚きました．さらに，幼少時代からの厳しい養育環境を経験してきた子どもが多くいることから幼少時代からの教育の必要性を改めて感じ，高知県教育委員会スクールカウンセラーとして転職することにしました．

試行錯誤しながら認知機能の強化や発達障害の勉強をしていたところ，児童精神科医の宮口幸治先生のコグトレと出会いました．さっそく受刑者の就労支援に導入するとともに当塾でも導入しました．

受刑者も子どもたちの支援にも共通することは，社会面，学習面，身体面といった角度からのアプローチが必要だということです．これらのうち一つでも欠ければ，学習はいうまでもなく，日常生活も送りにくい可能性があります．コグトレはそれぞれの認知機能の要素が強化できるよう対応した紙と鉛筆を使ったトレーニングであったので導入もしやすかったです．

## コグトレの実践例 1

コグトレを導入して以来，劇的な成果をあげた児童・生徒について，まず"学習塾コース"の実践を紹介していきます（**表1**）．

これらの生徒は一般の学習をしながら土

## 表1 ● "学習塾コース" でのコグトレの実践例

| | 対象者 | 支援内容 |
|---|---|---|
| 1 | 年少保育園男児（ASD） | 月4回80分のトレーニング. 些細なことでパニックを起こしていましたが, 安定しています. |
| 2 | 小学1年男児（ASD） | 月4回80分のトレーニング. 板書が苦手でしたが, 空間認知が向上しています. |
| 3 | 小学1年男児（ADHD） | 月4回80分のトレーニング. 多動性が減少し安定しています. |
| 4 | 小学3年男児（ADHD） | 月8回80分のトレーニング. 支援学級への指導から普通学級に在籍しています. |
| 5 | 小学4年男児（ASD） | 月4回80分のトレーニング. 他の生徒に目に鉛筆を刺す真似をする行動が減少しています. |
| 6 | 小学6年男子（ADHD） | 月2回80分のトレーニング. 学校での徘徊行動が減少しています. |
| 7 | 中学1年男子（ADHD） | 月4回80分のトレーニング. じっくりと学習に取り組めています. |
| 8 | 中学2年男子（ASD） | 月12回80分のトレーニング. 学年最下位の成績が上昇し, 推薦で高校へ合格しています. |
| 9 | 中学1年女子（不登校） | 月8回80分のトレーニング. 感情トレーニングを実施し不登校を克服しています. |
| 10 | 中学2年女子（LD） | 月8回80分のトレーニング. 数学5点から95点へと上昇しています. |
| 11 | 中学3年男子（LD） | 月8回80分のトレーニング. 非行行動が治まり, 安定しています. |

日に80分の時間をとってコグトレを実施しています（希望者のみ）.

　ここで気をつけてほしいのは, コグトレだけをやって成績が上がるというのではなく, 認知機能の弱さを改善することによって普段の学習がスムーズにできるようになるということです. 例えば, 暗記スピードや計算スピードが速くなる, 国語の読解力がアップするなど, それまで塾で補えなかった基礎学力を補強するという作業が可能となったと感じています. 逆に言うと, 基礎学力が整ってない生徒は当塾で預かっても成果を出すことが困難であったということです.

## 長期間のトレーニング例

　これらの児童のなかから小3男児のSさんのトレーニング例を紹介します. Sさんは, 20XX-5年から20XX-1年3月まで, 当塾でコグトレを長期間にわたってトレーニン

グし, 現在は私立中学受験に向かって受験体制に切り替えています. 当塾でのトレーニング時間は320時間です. コグトレの全分野に取り組んでいます. 弱点とみられる「記号さがし」「穴の位置」「心で回転」を重点的に指導しました. 小学3年生の4月からコグトレを実施し, 現在小学6年生となります. 幼児期から多動衝動傾向が強く, コミュニケーションが取りづらく, 勝ち負けに特にこだわるために, 負けると興奮して暴れることがありました. これらの状態をコグトレでどこまで改善できるのかを目的に月に平均4回（80分）トレーニングを実施しました.

　予定として, 半年でどのような効果が表れてくるのかをクラスでの学習態度で調査することとしました. トレーニングの対象となる問題行動は以下の行動があげられます.

● 自分の気持ちを抑えることができない→

行動に移さずにいられない（強い衝動性）
→うまくいかないと怒り出す（物を壊す
など）.

● 歪んだ情報がある（クレヨンや鉛筆がな
くなると，人に取られたと勘違いする）.

● 絵が正しく書けず空間認知の弱さがある.

● うっかりミスが多く，学校に必ず忘れも
のをする.

● 頭を叩くなどの自傷行為も出ている.

上記の問題行動のうち，特に自室で頭を
殴るなどの自傷行為が現れてきたので両親
が不安となり，A県の病院を受診し発達検
査を受けることになりました.

① 田中ビネー知能検査（20XX−6年1月7日）

検査結果は，知能指数89，知能区分（76〜
91）です.

投薬を試したものの，効き目はあまりな
く，こだわりや気持ちのコントロールは相
変わらず抑えることができませんでした.

A県の病院を受診後，投薬治療が開始さ
れましたが，何らかのトラブルが絶えない
状況が続いていました.親は学校からの呼
び出しに精神的にも困り果てる日々が続い
ていました.投薬治療を継続したものの効
果はあまりなく再び検査を実施することに
なりました.

② 2度目の田中ビネー知能検査実施（20XX
−5年3月5日）

検査結果は，知能指数91，知能区分（76〜
91）です.

学校での状態はさらに悪くなってきだし
たので両親が不安に思い，その他の改善方
法を調べていたところ陽気塾でコグトレを
導入していることを知ったそうです.薬に
もすがる思いで相談に訪れられ，20XX−5
年3月からコグトレのトレーニングを開始
することになりました.

**表2 ● Sさんの WISC-Ⅲ 知能検査結果**

| | IQ/ 群指数 |
|---|---|
| 言語性 | 82 |
| 動作性 | 73 |
| 全検査 | 76 |
| 言語理解 | 85 |
| 知覚統合 | 76 |
| 注意記憶 | 85 |
| 処理速度 | 75 |

## トレーニングの効果

① 20XX−5年3月〜5月

わずか2か月で少しずつ衝動行為が落ち
着いてきました.さらに，学校での忘れも
のがほとんどなくなりました.歌の音程が
取れるようになってきました.

② 20XX−5年6月〜 20XX−4年7月

少しずつ集団に沿った生活も送れるよう
になり，浮いた行動が減少し始めました.
しかし，勝ち負けにこだわる特性は引き続
きあり，トラブルを起こすこともありまし
たが，トレーニング前よりトラブルは激減
しています.

③ WISC-Ⅲ知能検査実施（20XX−4年7月）

A県の病院で実施しました.検査結果は
**表2**のとおりです.

④ 後退期の出現

● 順調にきていましたが，夏休みが終わり
行事などに追われ，担任との関係性にも
疲れを感じるようになってきました.

● しばらく気持ちが抑えられず，席を立った
り物を壊したり，友だちや自分を傷つけ
ることが起こってきました.

● 薬が効かないと学校では別室で過ごすこ
とが多くなりました.

● コグトレのトレーニングの種類を変更し，

「記号さがし③④」を何度も繰り返すとともに感情トレーニングを多く取り入れるようにしました.

● 病院を高知県の地元に変更し，薬を変更しました.

⑤ 再び回復期　20XX−4年12月

● 徐々に落ち着いてきました. ほぼ問題なくクラスで過ごせるようになりました.

● 感情トレーニングの効果で落ち着いて授業を受けることができるようになりました.

⑥ 20XX−3年1月〜20XX−2年3月

● 塾でのコグトレの回数を月に2回と縮小させました.

● 驚くほど落ち着いて勉強ができだし，周囲への攻撃が皆無となりました.

● 学校で嫌なことがあっても我慢して感情をコントロールできるようになりました. 次年度に向けた支援会は行われませんでした（1，2年生次はあり）.

⑦ 20XX−1年4月〜12月

● 通常学級（30名）で問題なく落ち着いて過ごしています.

● 当塾での日々のトレーニングは，私立中学進学指導に切り替えています.

⑧ その後

● コグトレのトレーニングは，母親が初級トレーナー資格を取得して自宅で実施しています. 毎朝1，2枚のコグトレのプリントを実施しています.

● 月に1回，当塾でコグトレの確認トレーニングを実施しています. Sさんは長期にわたってトレーニングしたことによって衝動性が抑制され集中力もついたことから私立中学受験も可能となったのです. 少ない枚数でも家庭で長期にわたってトレーニングを続けることが重要ということ

とを示した児童です.

⑨ 20XX年4月

● 無事に私立中学に合格しました.

## コグトレの実践例 2

次に"セカンドチャンスコース"の学習にコグトレを導入した事例を紹介します.

"セカンドチャンスコース"の生徒は，学校生活で自信をなくした生徒たちです. 認知機能を強化することによって自信を取り戻し次のステップへと進んでいった生徒たちです.

最も改善がみられた生徒として20XX−2年の6月20日からカウンセリングを始めた30歳の青年，Tさんが挙げられます. 10年前に睡眠障害を起こし高校へ通学することができなくなり，病院で診察を受けた結果，統合失調症，強迫神経症，うつ病，発達障害（神経過敏）で，治療は投薬治療が中心で始まりました. 陽気塾に来たときは15種類もの薬を処方されていました. 当塾でのインテーク面接の内容では以下の言葉が述べられています.

● 自分の顔が気に入らず整形手術を4回しました. 頭が大きいのがコンプレックスなので首から上を切ってしまいたいです.

● 肘が痺れて痛いので肘から切ってもらいたいです.

● 太っている人を見ると腹が立ちます.

● 母親と顔が似ているので母親を見ると腹が立ちます.

● 医師である姉に鏡を見ないようにしたらと忠告を受けています.

● 7月2日からの仕事がうまくいかなかった場合，自殺をしようと思っています.

● 神様がいたらこんな自分に命を授けたことに対して腹が立つのでボコボコにした

**表3 ● 借金の弁済計画表** (単位：円)

| 債権者 | A社 | B社 | C社 | D社 | E社 | F社 | G社 | |
|---|---|---|---|---|---|---|---|---|
| 返済月 | 返済額 | 返済額 | 返済額 | 返済額 | 返済額 | 返済額 | 返済額 | 合計 |
| 20XX−2年9月 | 23,700 | 20,151 | 8,600 | 16,100 | 8,000 | 7,000 | 6,000 | 89,551 |
| 20XX−2年10月 ～ 20XX年4月 | 450,300 | 410,400 | 163,400 | 305,900 | 152,000 | 133,000 | 95,000 | 1,710,000 |
| 20XX年5月 ～ 20XX+2年8月 | 663,600 | 604,800 | 240,800 | 450,800 | 224,000 | 196,000 | | 2,380,000 |
| 20XX+2年9月 ～ 20XX+3年7月 | 260,700 | | 94,600 | 177,100 | 88,000 | 77,000 | | 697,400 |
| 20XX+3年8月 | 21,700 | | 3,834 | 16,110 | 7,527 | 2,040 | | 51,211 |
| 合計 | 1,420,000 | 1,035,351 | 511,234 | 966,010 | 479,527 | 415,040 | 101,000 | 4,928,162 |

いと思います.

● コグトレの説明を聞きましたが，否定的でトレーニングを受ける意思はないです.

その後，3週間後にコグトレのトレーニングをいったんは拒否していたものの，コグトレをやりたいと再度来訪されました. さらに，トレーニングを自宅でもやりたいとのことでテキストを購入し，その後は毎日，自身でトレーニングを実施することになりました. 統合失調症，強迫神経症の症状が徐々にやわらぎ，作業所で仕事ができるまでに回復をしてきています.

服薬量も減量し精神も安定してきているので，本格的な学習指導に移行し，念願であった高校卒業へと導くことを期待している青年です. 彼のように長期にわたって精神科への入退院を繰り返し，重症化し回復の可能性がないと思われたケースでも，自己の回復を信じ，自らコグトレのトレーニングに励むことによって，精神が安定し次へのステップへと進めた事例と感じます.

## コグトレの実践例3

最後に"カウンセリングルーム陽気"の例を紹介します.

カウンセリングルームには，これまでにさまざまな問題を抱えた人が来ています. これらのなかから，今回はギャンブル依存からの回復を願って相談に来られたUさんを紹介します. 主人（50歳）のギャンブル依存と不倫問題の解決を願って20XX−1年2月に奥様（49歳）が来訪されたのです. 家族構成は成人した子どもが2人いる4人家族です. 子どもたちはすでに独立し，夫婦2人で生活をしています. 主人は民間企業のサラリーマン，奥様はパート勤務で生計を立てています.

主人のギャンブル依存は15年前から続いていて，20XX−12年には多額の借金で返済不能となり，自己破産をしています. 20XX−2年には再びギャンブルによる多額の借金をつくっていることが発覚しました. 奥様は離婚を決意して当カウンセリグルームに問題の解決を依頼してきました. 当カウンセリグルームとしての解決方法とコグトレによる認知機能を強化するトレーニングを説明し，心にブレーキをかける練習をすることを勧めました. 奥様は最後の賭けとして

主人を連れてくることを決断してくれました.

　こうしてカウンセリングのなかでコグトレを実施することになったのです. まず多額の借金を返済する計画を立てることから始めました (**表3**).

　それとともに, 月に2回のトレーニングを計画し, 1回80分で「認知行動療法」「依存回復トレーニング」と併用して「記号さがし」や「穴の位置」などに取り組んでもらっています. 現在までに22回 (29.3時間) のトレーニングを実施しています. しかし, ギャンブル依存や性依存の回復は難しいと考えられ, 心にブレーキをかける習慣と必要性を根気よく説明し, 気を抜くことなくトレーニングに通うことを勧めています.

　このように, コグトレは学習基盤の強化だけではなく認知機能を強化することによって依存症にも効果の可能性を期待しています. 今後の活動として陽気塾の生徒だけにとどまらず, さまざまな機関に紹介をしていきたいと計画を立てています. 今後, 四国コグトレ研究会の会員と力を合わせ, 地域に貢献する活動をしていきたいと思います.

# おわりに

　医療少年院にて少年たちの「認知機能の弱さ」と「適切な支援を受けてこられなかった環境的背景」に着目し，認知機能を高めるためのプログラムとして開発されたコグトレ．このコグトレは，少年院だけにとどまらず，現在，さまざまな領域の現場で使用され，広まっております．しかし，実際に現場でご使用になる皆さまからは，「どのように目の前の子どもたちに使ったらいいのか」「目の前の子どもにあったやり方はどんな方法か」「コグトレの効果を日常生活レベルでどう感じられるのか」など，もっと詳しく知りたいという声を聞いて参りました．実践はケースバイケース．子どもたちの変化も少しずつ．やり方にも変化にも曖昧さを残し，「このままでいいのだろうか」と手ごたえに不安を感じられる方々も多かったと思います．

　そのような声にお応えし，本書ではさまざまな領域でコグトレに取り組んでくださっている先生方に，コグトレを用いるにあたり，工夫の仕方・子どもの変化・実施ポイントなど，いろいろな視点で現場の様子を紹介していただきました．予定がぎっしりと埋まっておられるなかで何とか時間をみつけてくださり，「子どもたちのために！」とコグトレを実践してくださっている姿が伝わって参りました．現場の様子が覗ける一冊になったと思います．お忙しいなかご紹介いただき，ありがとうございました．

　このたび編集に携わり，著者の皆さまの生の声をできるだけそのままで，しかも読者の皆さまへわかりやすく伝えることの難しさに触れ，これまで何気なく読んできた他の多くの書籍に対しても，著者や編者の皆さまたちの想いが深く感じられるような貴重な体験をさせていただきました．今，本書を手にとってくださっている読者の皆さまの現場で，コグトレを行うヒントになっていただければうれしく思います．

令和3年6月

立命館大学大学院人間科学研究科

髙村希帆

# 編者略歴

## 宮口幸治 (みやぐち こうじ)

立命館大学総合心理学部・大学院人間科学研究科教授. 一般社団法人日本 COG-TR 学会代表理事. 京都大学工学部卒業, 建設コンサルタント会社勤務の後, 神戸大学医学部医学科卒業. 神戸大学医学部附属病院精神神経科, 大阪府立精神医療センターなどに勤務の後, 法務省宮川医療少年院, 交野女子学院医務課長を経て, 2016 年より現職. 医学博士. 子どものこころ専門医, 日本精神神経学会専門医. 臨床心理士, 公認心理師. 児童精神科医として, 困っている子どもたちの支援を教育・医療・心理・福祉の観点で行う「日本 COG-TR 学会」を主宰し, 全国で教員向けを中心に研修を行っている.

主な著書に『不器用な子どもたちへの認知作業トレーニング』『コグトレ みる・きく・想像するための認知機能強化トレーニング』『やさしいコグトレ』『もっとやさしいコグトレ』『社会面のコグトレ 認知ソーシャルトレーニング』『コグトレドリルシリーズ (数える, 写す)』(以上, 三輪書店),『1 日 5 分!教室で使えるコグトレ 困っている子どもを支援する認知トレーニング 122』『1 日 5 分!教室で使える漢字コグトレ (小学 1 ~ 6 年生)』『学校でできる!性の問題行動へのケア』(以上, 東洋館出版社),『境界知能とグレーゾーンの子どもたち』(扶桑社),『医者が考案したコグトレ・パズル』(SB クリエイティブ),『不器用な子どもがしあわせになる育て方』(かんき出版),『脳が錆びないコグトレ・ノート』(講談社),『日本一周コグトレ・パズル』(JTB パブリッシング),『ケーキの切れない非行少年たち』『どうしても頑張れない人たち』(新潮社) などがある.

## 髙村希帆 (たかむら きほ)

立命館大学大学院人間科学研究科. 宇治市発達相談員. 学校教育現場等での集団コグトレの効果的施行法について研究を続けている.
『1 日 5 分!教室で使える漢字コグトレ (小学 3 ~ 5 年生)』『1 日 5 分で認知機能を鍛える!大人の漢字コグトレ』(東洋館出版社) などに執筆協力.

## 井阪幸恵 (いさか ゆきえ)

小学校教員. 武庫川女子短期大学初等教育科卒業. 日本 COG-TR 学会理事, 大阪コグトレ研究会代表. 特別支援教育士スーパーバイザー, ビジョントレーニングインストラクターアドバンス. デイジー研究会に参加し, ICT を活用した読み書き指導も研究. 日本各地で講演を行ったり, 教員の指導に関わったりしている.

主な著書に『対人マナーを身につけるためのワークブック—学校では教えてくれない 困っている子どもを支える認知ソーシャルトレーニング』(明石書店),『社会面のコグトレ 認知ソーシャルトレーニング 2 対人マナートレーニング / 段階式問題解決トレーニング編』(三輪書店) などがある.

## 閑喜美史 (かんき みふみ)

梅花女子大学心理こども学部心理学科教授. 日本 COG-TR 学会理事. 小学校, 特別支援学校教諭, 大阪府教育センター支援教育推進室室長・首席指導主事を経て, 2017 年より現職.

主な著書に『保育発達学』(分担, ミネルヴァ書房),『「気づき」からの支援スタートブック』(共著, 明治図書出版),『インクルーシブ保育論』(分担, ミネルヴァ書房),『コグトレ計算ドリル (小学 1 ~ 3 年)』(監修, 受験研究社) などがある.

# コグトレ実践集
## 子どもの特性に合わせた導入事例

| | |
|---|---|
| 発　行 | 2021 年 7 月 30 日　第 1 版第 1 刷 |
| | 2024 年 8 月 30 日　第 1 版第 2 刷 © |
| 監　修 | 一般社団法人 日本 COG-TR 学会 |
| 編　集 | 宮口幸治, 髙村希帆, 井阪幸恵, 閑喜美史 |
| 発行者 | 青山　智 |
| 発行所 | 株式会社 三輪書店 |
| | 〒113-0033　東京都文京区本郷 6-17-9　本郷綱ビル |
| | TEL 03-3816-7796　FAX 03-3816-7756 |
| | http://www.miwapubl.com |
| 装　丁 | 鳴島幸夫 |
| 組　版 | 桂樹社グループ |
| 印刷所 | シナノ印刷株式会社 |